0《ゼロ》円で生きる

小さくても豊かな経済の作り方

鶴見済

Tsurumi Wataru

新潮社

まえがき

シェアがブームになっている

現在のシェアリング・エコノミーのブームは、よく考えれば奇妙だ。

例えば自分で自動車を持たず、会員の間で共有するカーシェアが激増している。自動車メーカーまでがカーシェア事業に力を入れている。一九五〇年代のアメリカで「一家に二台の車を」と宣伝して売り上げ倍増を図っていたその自動車メーカーが、である。共有を進めれば売り上げが落ちることは目に見えているのに、それでも共有の勢いに逆らえないようだ。

こうしたシェア事業が空き部屋、空きスペース、ファッション、スキルなどありとあらゆる分野に及んでいる。ひとりにひとつずつの時代を経て、我々のまわりには余分な物が溢れている。それらの共有ややり取りが盛んになってきたのだ。

クラウドファンディングのブームも同じく不思議だ。わずかなお返しを貰えるとはいえ、他人にお金をあげることがこれだけ流行っているのだ。現代人は自分の利益の最大化を追求しているのではなかったのか。

ここ一〇年ほどの間に中古品のやり取りがこれほど盛んになったことも、思えば大きな変化だ。ネットでは中古品を売ったり無料で譲ったりするサイトの人気が高い。新品を買うことの価値は薄れ、中古品小売業の販売額は九〇年代と比べて三倍近く伸びているのだ（註1）。

アメリカのミレニアル世代（註2）と呼ばれる若者層は、物の消費に興味がないことで経済界を苛立たせている。けれども人々が物を買わなくなったのは日本でも同じだ。それは、物が溢れた時代を通過してきたせいでもあるだろう。

資本主義への反撃

資本主義は反撃を受けている。

地球上にある物はもともとすべてが共有物だった。人々はそれを分け合い、あげたりお返ししたりして暮らしてきた。その私有化を推し進めた最大の勢力は資本主義であり、ここ二世紀ほどはその全盛期だった。新しいものを次々と作り出し、それを持つことが豊かさだと宣伝することでお金を稼いできた。物が広く行きわたってしまった後は、新しい物に買い替えさせることでその利益を維持した。

けれども、今世界は新たな共有の時代を迎えている。これは先進国に限った話ではない。一方向にばかり進むかと思っていた資本主義の社会は、行きすぎて少し元に戻っているかのようだ。

けれどもシェアリング・エコノミーにも問題がある。〈airbnb〉（エアビーアンドビー）で空いている部屋の共有という表向きで貸し出されている部屋には、わざわざ貸し部屋として買い備えた物件も多い。車の空いている座席のシェアだと宣伝する〈Uber〉（ウーバー）も、実質的にはタクシー同然だ。こうなるとこれらもシェアを看板にした新しいお金儲けにすぎず、実際に既存のホテルやタクシー業界と対立している。こうしたビジネスは、必ずしも共有や贈与の精神から成り立っているわけではなかったのだ。

それならばこの大事な流れを、もう一段階自分たちの手に取り戻す必要がある。資本主義社会という、お金がすべての社会になったのは、ほんの数百年前のこと。それまでの人類史のほとんどの期間、人は必要なものを分け合ったり、あげたり、力を合わせたりしながら生きてきたのだ。はるか遠い昔のことではないのだから、取り戻せないはずがない。

無料の生活圏を作る

本書では無料でできる様々なことを紹介している。貰ったり、共有したり、ゴミを拾ったり、行政サービスを利用したり、自然界から採ってきたり、無料でできることは、よく見てみれば身のまわりに溢れかえっている。

最近のブームを見ればわかるとおり、我々はもともと、余っている物があれば共有したり人に分けたりしたかったのだ。滅多に使いもしないものを、ひとりがひとつずつ買うのが好きではなかった。まだ使える物はゴミにしたくなかった。

けれどもそれらのことは、どことなくパッとしないことと思わされ、やりづらくさせられていた。物をひとつでも多く売ろうとする側は、浪費や贅沢を好む気風を現代風と、質素で倹約を重んじる気質を「古臭い」と思わせる広告戦略まで使ってきたのだ（註3）。

ただし無料ではあっても取り上げていないものがある。例えば、企業のロゴの入ったグッズなど宣伝のために配られているもの。無料お試し期間など、後に待っている有料段階への入口に呼び込むためのもの。身のまわりに溢れているこれらのものは、やはり新しくもないお金儲けのための一手法なのだ。本書はお金を稼ぐことを悪いと見なしてはいないが、お金儲けを至上の目的としたものには反対する。

ここに書いているのはあくまでも、贈与や共有にもとづいた無料の生活圏を社会のなかに広げるための方法だ。実際には企業がくれる無料サービスを狙ったほうが、手に入るものは多いかもしれない。けれどもこの本には、その代わりに大きな夢がある。

そんな社会になれば、例えば貯金がない人、稼ぐのが苦手な人でも、別の形で貸しを作っておけば、困った時にお金がなくても、借りのある人が助けてくれるだろう。お返しがお金ではなく、何か得意な作業でもいいのなら、お金のない人も欲しい物を手に入れることができる。こうした試みは、欧米では「時間銀行」（註4）などの形ですでにやっているところも多いが、残念ながら日本はそれが盛んな国とは言えない。

お金のある企業が強くなる

シェア・ブームのようないい傾向があるとはいえ、今の日本では「世の中はほぼすべてがお金」というのが実情だ。食べる物や住む場所を作るのもお金で他の人がやるのだし、通信も移動もお金がなければできない。誰もが衣食住をはじめとする生活に関することすべてを、お金で他の人にやってもらっている。子どもを預けて稼ぎに出る人も増えている。自分でできることは何が残っているだろうかと考えてしまうほどだ。

こういう社会で我々が生きていくためにしなければならないのは、まずお金を稼ぐことだ。お金を稼ぐことと使うこと、つまり労働と消費が我々の生の営みの中心だ。

さらにこうした社会では一番お金を稼ぐのが上手く、お金を持っている者が、一番大きな力を持つ。それは誰かと言えば、資産総額から見ても人ではなく企業だ。大企業は政府に献金をして要求を通す力も持っているし、各国の政府も企業を優遇して、法人税を下げる競争をしている。世界を股にかけるグローバル企業ともなると、中小国などより経済規模が大きく、それだけ力も強い。

そして人々は、大企業に雇ってもらおうと必死だ。日本でも大企業の正社員になり生涯そこで働くことは、「幸福な人生」とイコールであるかのように言われている。理由はお金がたくさん貰えるからだ。

今の日本では格差が広がり、お金のない人が増えるにつれ、終身雇用への願望が強まって、統計では昭和期よりもそれに肯定的な人が多い。

お金への依存度を下げる

もともとお金を使わない社会では、お金を持っていないことは何の問題にもならない。例えば、伝統的な社会の人々がお金をあまり使わないことを、一概に貧しくてかわいそうと見なすことはできない。けれどもお金への依存度が高い社会になるほど、それを持っていないことは致命的になる。そして日本の社会は、この依存度が極めて高い社会だ。

ここからもわかるとおり、お金がない人が多いという貧困の問題への対策としては、二つの方向がある。ひとつには、賃金を上げさせ行政の支援を増やし、もっとお金が貰える社会にする方向だ。もちろんこれは必要だ。けれども、同時に社会のお金への依存度を下げることもまた大事なのだ。そして本書が取る立場は後者だ。

お金がたくさん貰える大企業の正社員になれたから幸せ、なれなかったから不幸というだけの社会では会社に勤めるのが苦手な人にとっては、はなから幸せになれる選択肢などない。そんな社会では、そもそも生きたいという意欲が失せてしまう。大企業の正社員になれなくても、それはそれで豊かだと思える社会を目指したいものだ。実際には年収で幸不幸が決まるほど世の中は単純ではなく、自分のまわりにはお金にあまり依存せずに人生を楽しんでいる人たちが多いけれども。

もちろん最低限のお金はなければならないし、この本を読んだからといって、お金なしで暮らせるようになるわけではない。けれども、楽しみながら社会を変えていく方法がここには詰まっているはずだ。

本書では、各章での方法の紹介のあとに、「この章のレクチャー」として各テーマについて理解を深めるための解説を載せている。また文中に出てくる重要なインターネット上のサービス名や店舗・イベント名などは、〈 〉で括って表記した。興味がある場合は、検索して調べてほしい。

また、そうしたサービスや店舗・イベントなどについての情報は、あくまで本書執筆時のものだ。

（註1）「平成二六年　商業統計」（経済産業省）より。

（註2）2000年以降に成人や社会人になった若者世代。

（註3）『浪費をつくり出す人々』（V・パッカード、ダイヤモンド社、一九六一年）より。アメリカの広告業界は、質素や倹約を重んじるピューリタニズムを攻撃の対象とした。

（註4）時間銀行とは、会員どうしが互いに家事などを代行し、それにかけた時間を登録して、同じ時間だけ他の会員のサービスが受けられるという、時間を単位とした相互扶助システム。世界経済危機以降に失業率の高まった、スペインなどの欧米諸国に多い。

目次

0円で生きる
小さくても豊かな経済の作り方

第四章　稼ぐ　元手0円で誰にでもできる

第五章
助け合う　一緒にやれば負担が減る

第六章
行政から貰う　もっと使える公共サービス

装画　浅妻健司
挿画　猫野サラ
装幀　新潮社装幀室

第一章 貰う

無料のやり取りの輪を作る

贈り物を貰おう

よく見れば我々は、日々たくさんの物をあげたり貰ったりしながら生活している。お祝いや、土産、お見舞い、おすそ分け、差し入れ、そしてそれに対するお返しなど、思いのほかたくさんの機会がある。

年中行事としては、お年玉、お中元、暑中見舞い、お歳暮を贈ってきたし、西洋由来のバレンタインデー、クリスマス、父の日・母の日の贈り物も加わった。人生の節目である誕生、入学、進学、成人、就職、結婚、還暦、死などの機会にも、病気、誕生日、開店、新築などでも、お祝いやお見舞いの品を贈る。ご祝儀、香典のように現金すら平気で贈ることも、日本の贈与の特殊なところだ。

考えてみればこれは不思議な風習だ。なぜ我々はこんな「一銭の得にもならないこと」をするのだろうか？　その理由は今のようなお金中心の社会になる前、こうした贈り物は経済の主な形であり、それが今でも生きているからだ。これについては後で詳しく書く。

では人から欲しいものを貰うには、どうすればいいのか？　理想を言うなら、自分からあげることであげたりお返ししたりの循環を作り、欲しいものを手に入れることだ。

とは言え、その方法がそんなに簡単だとは言えない。

せっかくこれだけプレゼントが横行しているのだから、それをうまく使うのはひとつの手だ。日頃から欲しい物をＳＮＳ（ソーシャル・ネットワーキング・サービス）などで公表しておけば、誕生日やクリスマスにそれを貰える可能性が高まる。親しい間柄であれば、必要な物をもう少しあげたり貰ったり、あるいはねだったりしてもいい。

さらに何かをするためのお金が必要な時には、カンパを集めることももっと気軽に行われていい。イベントなどの人が集まる場で、呼びかけさせてもらうのは有効だ。単にカンパを募ってもいいが、それではあげる側もなかなか財布を開きづらい。そんな時はバッジやシールなど何か小さなグッズを、カンパ代も含めた料金で売るのもいい。音楽の演奏など何かパフォーマンスをやって、それへのカンパも込みで集めたり、オークションのコーナーを作って、カンパ込みの値段で出品物を買ってもらう手もある。

この章では、物やお金を貰う方法について書いていく。ただしまえがきにも書いたとおり、企業が宣伝のために配る無料グッズを貰う方法などは書いていない。むしろ社会のなかに、あげる・貰う・お返しするという循環を作る方法を挙げている。

「不要品放出サイト」で貰う！

無料で物を貰う簡単な方法は、まず不要品の放出サイトを利用することだ。〈ジモティー〉はそのなかでも最も利用者が多く、地元での出品も豊富なので手渡しで受け取りやすいのがいい。そもそも不要品を、わざわざお金をかけて遠くに送るのは無駄が多い。他にも類似のサイトはいくつかあるが、出品数が少ないので地元で取引できる物となると限られてくる（註1）。

そもそも〈ジモティー〉はネットの呼びかけ用掲示板で、物を売ることもできるし、友達募集、イベントの告知、求人なども行われている。こうしたサイトは、物やサービスを提供したい人と欲しい人をつなぐ「マッチングサイト」の一種と言える。雑誌の読者投稿欄や公民館の掲示板がネットに移行したようなものなのだ。

自分も、これまでにオーブンレンジ、小物用の棚、リュックサック、古い音楽雑誌の束、ホーロー鍋など、たくさんの物を貰ってきた。貰い方はこんな具合だ。まずは近隣で無料の放出品が出ると、メールで連絡が来るように設定しておく。そのうちの半数程度は、見た時点で貰い手がついているほど競争は激しい。欲しい物が見つかれば、貰えるかどうか、そして受け取り方などを、出品者にサイトのメールで問い合わせる。ＯＫ

であれば先方から、「○日の×時に△△の前で受け渡しでいいか」などと返信が来る。最初は、この受け渡し時間をすり合わせる作業がやや面倒だが、何度もやっているうちに慣れてくる。基本的には出品してくれた人の都合に、極力合わせるべきだろう。そして待ち合わせの場所に行けば、これまでの経験では二言、三言会話を交わしただけで、短い時には「××さんですか」「そうです。ありがとうございます」のみのやり取りで受け渡しは終わる。少し寂しいが、これがわずらわしさを回避する現代的な贈与のやり方なのだろう。

また自分からも、風呂の蓋、椅子、ベッドなど様々な不要品を無料で出してきた。あげる立場になると、受け渡しに手間がかかるのが一層面倒に感じられるが、お金を使わないやり取りをしようとすれば、どうしても手間は増えるものなのだ。それでも貰い手はすぐに見つかるし、不要品が必要とする人の手に渡るのは気持ちがいい。また台座の壊れたパソコンのディスプレイなど、こんなものを欲しがる人がいるのかと思うような物でも貰い手はつくので、処分費の節約にもなる。

驚いたのは、共同の畑で使ったり不法投棄されていた大量の粗大ゴミを出品してみたら、何件もの問い合わせがあり、難なく貰い手がついた時だ。使い古しの物置や動かなくなった草刈り機などをトラックでやってきてすべて持っていってくれた。廃品回収業者らしき人とは、サイトのメールのやり取りでは接触したことがあるが、この時の相手はそうではない。
mixiの〈あげます&ください〉コミュニティも出品が多いので、時々利用している。ここでは、農家の方が規格外の有機の八朔を無料で出していたので、一〇〇〇円程度の送料をかけて送り、大き目の八朔を二〇個以上送ってもらったことがある。こうしたものなら、送料をかけても貰う価値はある。また近所で大きな肘掛椅子を出品していた人がいたので、三〇分ほどかけて転がして持ち帰ったこともあった。

海外にも同じようなサイトはある。アメリカから始まった〈フリーサイクル〉(Freecycle)という世界最大の不要品放出サイトは、各国の都市に支部を拡大して、今や世界に五〇〇〇グループ以上、九〇〇〇万人の会員がいる。その経済規模は、一〇年ほど前の試算では、年間三億八〇〇〇万ドル(約四〇〇億円)程度と推定された。放出品はすべて無料が原則で、日本のあげます・くださいサイトと同様のやり取りが行われている。

不要品放出市〈0円ショップ〉

街頭や屋内で不要品を無料で放出する動きも盛りあがってきているので、そこに行って貰うという手もある。この場合は受け渡しの手間がかからないので楽だ。ただし不要品放出市はいつでもどこでもやっているわけではないので、開催時間などをチェックしておく必要がある。

東京の国立市では、毎月第二日曜日の午後に〈くにたち0円ショップ〉が行われている。自分も開催当初から毎月参加している。詳細な場所や開催予告はtwitterのアカウント（@kunitachi0yen）を見てほしい。日にちが変更になることもある。

〈0円ショップ〉が開かれるのは駅前付近の路上。毎回レジャーシート四〜五枚分にぎっしりと、服、本やCD、食器や台所用品といった家庭雑貨などが並ぶ。放出品は夕方には三分の一以下に減っているほど多くの人が持っていってくれる。

常時参加しているのは五〜一〇人ほどだが、もちろん参加者が出された物を貰うこともできる。自分もこれまでに本やCDを中心に、植物の種やノートパソコンまで、数え切れないほどの物を貰ってきた。使い終わったらまた出せばいいのだから、貰うのも気が楽だ。

こうして特にDVDのように一度

街に根付いた〈くにたち0円ショップ〉

使えばいらなくなる物など、メンバーの間をぐるぐる回っている物もある。ただで物を貰うために、こうした放出市を開いてみるのもいいだろう。

〈0円ショップ〉では、残った物は出した人が持ち帰るという前提で、自由に出品も募っている。遠方から参加してくれる人もいるし、見知らぬ人が最初に物を置いていって、終わる頃にまた取りに来てくれることもある。

なぜ無料なのかとよく聞かれるが、そもそもここに出ている物は、中古品店に持っていっても高々数十円程度のものがほとんどなのだ。もう使わないけれども捨てたくない物は、欲しい人にあげるのが一番しっくりくる。世の中にはどんなものでも欲しい人がいるものなのだ。なぜか家にあった赤提灯をだめ元で出せば、赤提灯を集めている娘さん（！）を持つ男性がたまたま通りかかり、喜んで持っていってくれるのだから驚く。

さらにこうしたアクションには数々のメリットがある。

路上でやっていることの意味も大きい。これは街なかの無料の居場所作りでもあるのだ。回を重ねるごとによく来る人が常連になり、毎回集まるようになる。しかも有料の店では集まれないような、お金に余裕のない人も集まる。そうした人には、元々地域に居場所がなかったり、アウトサイダー的な人が多いので、非常に貴重な居場所となっているように感じる。

もちろん広い歩道の隅でやっているので通行の邪魔にならないし、売っているわけでもないので止められることもない。我々はもっと有効に公共の空間を使ってもいいのだ（註2）。

また近所の関心の深い人が覗きに来てくれるので、この地域でオルタナティブな活動をしている人と、次々と知り合えたのも大きな収穫だった。

ある友人がある日突然始めたこのアクションは、こうして様々なことがひっきりなしに起きるので、かれこれ五年以上も続いている。

不要品を回す「店」

東京の井の頭線・東松原駅（世田谷区）のすぐ前には、〈くるくるひろば〉という不要品を放出している「店」がある。約三坪の店内外のスペースにはぎっしりと服や家庭用品、雑貨類、子供用品が並べられており、貰うのも持ち込むのも自由だ。家賃をはじめとして

不要品を回す〈くるくるひろば〉

月七万円かかる店の維持費は、カンパによって賄われている。利用したら、なるべくカンパはしていきたいところだ。

では店番は誰がやるのかというと、二〇人ほどのボランティアによってうまくシフトが組まれている。開設者の伊藤万季さんによれば、この店をやってみて一番よかったことは、念願だったこうした実験的ショップが、やってみたらできたことだと言う。確かに何も売っていないので、商品の仕入れも給料もなく、すべては人の贈与の気持ちで成り立っているのは驚くべきことだ。日本にこうした例は、他にないのではないか。

また色々な世代の常連客ができて交流が行われたり、また簡単な店番なので、引きこもりだったり依存症を抱える人が社会復帰の足掛りとしても利用している。常連客・店番双方にとって、地域の居場所としての側面を持ちはじめているようだ。こうした活動が居場所の機能を持つようになることは、〈0円ショップ〉をやっていても強く感じることで、無料でやることの大きな意味と言える。

まずは〈くるくるひろば〉のブログやFacebookのページをチェックしてみよう。

ちなみにドイツにはこうした常設の不要品を放出する施設が、国内で六〇以上も存在するという。

千葉県松戸市では〈まつど0円マーケット〉が二〇一六年と一七年の二度にわたり、まつど市民活動サポートセンターで開かれている。ここでも服、本、雑貨類が会場内のいくつものテーブルの上にひしめき合っている。残ったら持ち帰る条件で出品もできる。開場直後にはすでに待ち構えていた近隣の人々で、会場は黒山の人だかりになる。この〈0円マーケット〉では同時に、無料の食事も出している。米などは賞味期限切れ間近のものを無料で貰い使っているというレベルの高さだ。

この他にも様々な放出市が、近年全国に広がり始めている（註3）。

世界に広がる不要品市

海外にももちろん同様の試みはある。〈リアリー・リアリー・フリー・マーケット〉（RRFM）は、アクティビストなどを中心に世界的に広まっている不要品放出市だ。公共の場所、特に公園などの野外に放出品を広げて行われることが多い。食べ物の無料配給が同時に行われることもある。

このアクションは元々二〇〇一年にニュージーランドで始まり、その後すぐにインドネシアにも伝わった。アメリカでは二〇〇三年のＦＴＡＡ（米州自由貿易地域）会議への抗議行動のなかで行われ、その後全米に広まった。そして現在は、東南アジア諸国での活発な開催が目立っている。これらの主な担い手となったのは〈フード・ノット・ボムズ〉という無料で食事を配給する団体で、当初から食料配給とともに行われることが多かった（註4）。

　またこうした経緯からも、これが単なるリサイクル活動ではなく、経済のあり方に対する対抗的なアクションであることがわかる。

　現在Facebookに登録された世界各都市の〈RRFM〉だけでも、一〇〇以上に上っている。もっとも、こうした放出市はどんな名前を付けようとも、はるか以前から世界中で行われていたのだろうから、起源を厳密に探ることに大きな意味はない。

photo by Iwan Govovitch

ベルリンの〈Givebox〉

　あげる・貰うの循環を広めるためにどんなことができるのかの参考として、さらに海外の例を挙げよう。ドイツで九〇年代の初めから始まった〈Givebox〉は、街頭に有志が設置した無人の「ご自由にお持ちください」コーナーだ。公衆電話ボックスほどの大きさで、中にはぎっしりと無料の服や雑貨が詰まっている。誰でも、持ち込みも持ち帰りもできる。同じくFacebookには、ドイツを中心とするヨーロッパや北米の各地に、常設・仮設のもの合わせて九〇以上の〈Givebox〉の登録がある。

これらもあげたり貰ったりの循環を作る活動のひとつだ。

カンパを貰う方法

カンパを貰う方法は冒頭にも少し書いたが、何らかの企画のための資金なら、賛同してくれる人から貰う方法もある。こうした資金集めは「ファンドレイジング」とも呼ばれ、特にアメリカで手法が考え抜かれている。

もちろんオーソドックスに、カンパ箱を持って呼びかけるのもいいだろう。賛同者が多そうなイベントの出口などで待っていれば、街頭に立つよりも効率がいいはずだ。その場合はチラシやボードなども作って、何の募金なのかがわかるようにする必要がある。

賛助会員やサポーターを募って、毎年決まった額の会費を払ってもらう手もよく使われる。

また学園祭の資金集めでも採用しているのは、店や企業に呼び掛けて協賛金を貰う方法だ。このやり方で年間一億円もの協賛金を集める社会貢献団体もある。ただし企業としても、名前を出してもらうことで自社のイメージアップにつなげる目的があるので、企業の宣伝に利用されるという側面はある。またその企業や業界に批判的な活動はしづらくなるだろう。

何か冊子を出すなら、自分がいいと思う店や企業に持ちかけて広告枠を買ってもらい、そのお金を資金にするというやり方もある。

クラウドファンディングで集める

こうしたカンパをインターネット上でシステム化したのがクラウドファンディングだ。投資だ購入だと、ビジネスよりの解釈をされがちだが、少なくともリターンというお礼の特典が貰えるよく知られた形のもの（「購入型」と呼ばれる）は、普通に見ればカンパであり贈与だ。リターンは贈与に対するほんのわずかなお返しなのだ。ここではこの「購入型」について見ていこう。

クラウドファンディングは、まず何らかの企画を立てて、サイトに持ち込むところから始まる。目標金額、何段階かの寄付額に応じたリターン、実施期間も決める。これらの決め方、情報の拡散のしかたなどはなかなか難しいが、サイト側が細かく相談に応じてくれる。標準的な目標金額は、大体一〇〇万〜二〇〇万円といったところだが、なかには少額の企画もある。例えば、「札幌の時計台のなかにあるホールで映画上映会をするためのスクリーンを買う」という企画で、目標の一〇万円を集めた人もいた。また「旅に出たくなるフリーマガジンを出版する」という企画で、同じく一〇万円の目標を達成した人もいる。集まるお金は、例えば〈レディーフォー〉というサイトなら平均一〇〇万円だという。

企画は映像、音楽などの作品作り、あるいは製品作りなどが非常に多く、つまり社会貢献のためでなく自分が貰うためのお金でもいいということだ。目標金額に届かなくても集めたお金は貰えるシステムも広がっている。初期の段階で多く集めることが肝心なので、あらかじめ知り合いに頼んでおくのもいい。

一応歴史も説明しておくと、クラウドファンディングサイトが本格的にでき始めたのは、二〇〇八〜〇九年のアメリカだった。一一年には日本でも〈レディーフォー〉〈キャンプファイヤー〉〈モーション・ギャラリー〉などのサイトができて本格化し、支援総額も年々増え続けている。日本では今もこれらが中心となっているが、個性的なサイトも続々と登場している。手数料は〈キャンプファイヤー〉の八パーセント（プラス決済手数料五パーセント）、〈モーション・ギャラリー〉の一〇パーセント（目標金額達成時）あたりが安い。

銀行などではなく、見知らぬ大勢の人（クラウド）から資金集め（ファンディング）できるようになったことの意味は大きい。これまで資金がなくてできるはずがなかった個人のありとあらゆる夢に、実現の道が開かれたのだ。

「寄付」もいつかは返ってくる

「貰う」ではなく「あげる」だが、寄付についても書いておこう。贈与をしていれば、いつか巡り巡って自分のところに返ってくるかもしれない。壮大な話だが不要品放出市と同じで、自分が貰うためにはあげたり貰ったりの循環を世の中に作ることが肝心なのだ。

ではどこに寄付をすればいいのか？　インターネットでは〈ギブワン〉などのサイトが社会貢献をしている団体やプロジェクトを掲載して寄付を募っている。〈ジャパンギビング〉では、NPOなどの活動に対して支援者がマラソンで走るなどの「チャレンジ」を立ち上げ、それらに対して寄付をするようになっている。

また〈チャリボン〉では、古本・中古DVD・ゲームソフトを郵送してもらい、それを売ったお金を団体に寄付するというユニークな方法を取っている。寄付先の一覧がHPに掲載されているので、そのなかから選ぶ。

ただしお金に余裕がない人は、無理して寄付する必要などない。お金に十分な余裕のある団体に貧しい人が善意からお金を差し出すこともよくあるが、それではかえって貧富の格差が広がってしまう。

この章のレクチャー

贈与経済とは何か？

普遍的な経済の形は「贈与」

我々が「一銭の得にもならない」贈り物をあげることをやめない理由は何なのだろうか？

それは、人類が現在のように貨幣を使って大方の物の交換を済ませるようになる前、必要な物を手に入れる手段のひとつは他人に物をあげたり貰ったりすること、つまり贈与だったからだ。

部族社会でも人々は食べ物や財産、土地すら部族間、氏族間で贈ったり贈られたりしていた。こういう経済を贈与経済（ギフト・エコノミー）と呼ぶ。もちろん贈与だけでなく、売り買いや自給、再分配も古くから行われてきたが、それでも贈与の占める割合は大きかった。

贈与は単に物を貰って終わるものではなく、たいていはお返しの義務がある。こうして、贈り物とお返しが繰り返され、人々はつながりを深めながら生活に必要な物を賄っていた。

この贈与の精神は、今も我々のなかにもあるというわけだ。これが資本主義よりはるかに深く普遍的な人間世界の岩盤と言える。

贈与は物やお金を贈ることを指すが、手紙のやり取り、助け合い、招く・招かれる、世話をする・されるといった贈与とは見なされない行為も、これと同じ構造を持っている。こうしたお互い様のやり取り全般を「互酬」と呼ぶ。物やお金の贈与や返礼は、この「互酬」という大きなシステムの一部なのだ。

経済人類学者のK・ポランニーは、この「互酬」に加えて「再分配」と「市場交換」の三つが、人間の経済の基本的な形だと説いている（再分配については第六章「行政から貰う」の項目を参照）。

これらの三つは、どれかひとつが全体を占めることはなく、どの社会でもともに混ざり合いながら存在してきた。そして、これら三つのなかの市場交換の比重が大きくなりすぎているのが、現在の資本主義の社会なのだ。

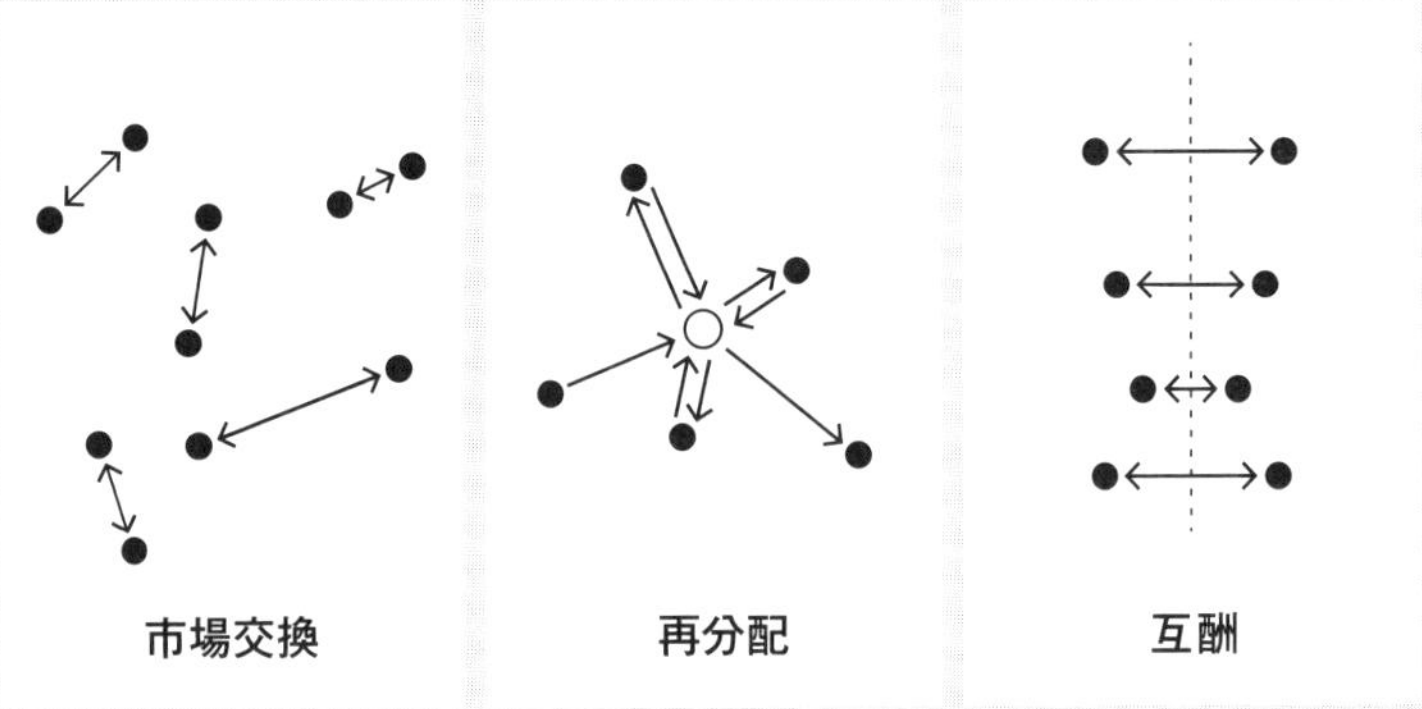

増える日本人の贈り物

日本は贈り物の盛んな国だと書いた。商業戦略に煽られている側面はあるが、贈り物は依然として大変な活況を呈している。

しかもこのギフト市場も贈り物の機会も、縮小ではなく拡大しているのだ。古くからある習慣と思われがちな中元や歳暮ですら、庶民にまで行き渡ったのは明治三〇年代以降、デパートの発達によるものだった。それが戦後にますます広まったのだ。お歳暮など、江戸時代までは武士階級で行われていたものにすぎなかった。

バレンタインデーにチョコレートを贈る習慣は、元々日本の製菓会社が考えたものだが、それが広まったのも、一九七〇年代に入って洋菓子業界やデパートがその販売に乗り出すようになったからだ。ホワイトデーのお返しは言うまでもない。

では、日本のかつての贈与はどうだったのか？　フォーマルな贈答について見れば、これが特に盛んに行われたのは中世だった。特に一五世紀は、一年中何かしらの贈り物とお返しが人々の間を飛び交っていた。この頃すでに、贈る物は広くお金で買われていて、また貰った後は売り払われることも多かった。貨幣の流通量が増えて、貨幣経済が盛んになった時期でもある。中世でも、贈与は市場経済と密接な関係を持っていて、どちらかがどちらかを駆逐するというものではなかったわけだ。

一方庶民の間では、もっと幅広く生活に密着した贈り物が繰り返されてきた。

現在でも群馬県のとある山村では、毎年晩秋にある村人と別の地区の村人の間で何度も、大根や白菜など採れた作物のお裾分けとお返しが繰り返される。それはできのいい地区と悪い地区が生じてしまうために、こうすることで偏りを補っているのだ。収量の少なかった作物の裾分けを貰った村人は、その地区の集落でさらに裾分けを行い、少ない作物を広く行き渡らせる。こんなふうにして冬に備えるという（註5）。

東北では漁業と林業の親戚の間で、魚と野菜がそれぞれの採れた季節に互いに贈られるところもある。こうした交換の例は挙げていたらきりがない。

また日本の農村では絶え間なく家同士の共同作業、手伝い、寄り合いが行われていたが、そこに持参される手土産や裾分け、持ち寄り、それに対するお返しなどは相当の量に上っただろう。

こうした贈り合いは、お金の普及によって廃れてきた。今の時代に増やしたいのは、商業主義に煽られた商品の儀礼的な交換よりも、こうした相手にとって必要な物を分け合う贈答だ。

なぜ寄付をするのか？

こうした個人から個人への贈り物であれば、特定の相手を喜ばせたり、お返しを貰ったりすることが期待できるので、あげる理由もわかりやすい。しかし貧しい人々への寄付のように、それすら期待できない贈与をなぜ人がするのかは、また別の謎になる。こうした不特定多数の相手への見返りのない贈与は、「公的贈与」とも呼ばれる。富んだ国の政府から貧しい国の政府に贈られる巨額の援助金も公的贈与の一種なのだから、現代の公的贈与の裾野は果てしなく広がっている。

こうした贈与はどのようにして広まったのだろうか？　今世界でも特に寄付が盛んな地域であるヨーロッパの歴史を見てみよう。

一一～一二世紀のヨーロッパでは、「生きている間に教会や貧者に財産を与える善行を積めば、あの世で救いを受けられますよ」と説かれた。旧約聖書にも書いてあるとおり、貧者にお金をあげるのも、キリスト教の奨励する善行だ。人々は来世における「お返し」を受けるために、進んで寄付をした。

この贈与にはあの世でお返しを貰いたいといういわば「下心」があるので、完全に無償とは言い難い。けれども現世だけを見れば、見返りを期待していないかのように見える。つまりここにおいて初めて、「(現世における) 見返りを期待しない贈与」が広く庶民の間にまで浸透した。これがヨーロッパにおける公的贈与の誕生なのだ（註6）。

今のヨーロッパをはじめとするキリスト教圏で、こうした動機から寄付が行われているとは思えない。またそうした人がいたとしても、それがことさらよくないこととも思わない。ただ欧米で貧困国支援、寄付、チャリティ・コンサート等々が頻繁に行われる理由を知るうえでも、こうした歴史的な背景はふまえておく必要がある。そもそも「チャリティ（charity）」の語源は、キリスト教で言う「神の人間への愛」と「それにこたえた人間の神と隣人への愛」を意味するcaritasというラテン語なのだ。

キリスト教徒が現在も寄付文化の重要な担い手となっていることは明らかだ。日本でもキリスト教の団体は、ホームレスなどの困窮者支援を熱心に行っている。

もうひとつ例を挙げると、ビル・ゲイツとウォーレン・バフェットという世界一、二位を争う大富豪が主導する〈ギビング・プレッジ〉（贈与の誓い）という活動がある。この二人からの呼びかけに応じて、大富豪が死亡時までに資産の半分以上を寄付することを表明するもので、そのサイトには一〇〇人を超える大富豪の寄付宣言が掲載されている。日本には見られないこうした動向は、やはりこの歴史的・宗教的背景があってこそのものだ。

イスラム教の「喜捨」（註7）にも、ユダヤ教の「ミツヴァー」と呼ばれる善行にも、そうすることで来世で至福が得られるという同じような考え方がある。無償の公的贈与のひとつの源は、神と人の間の贈与と返礼だったわけだ。今でも巡礼地など宗教と関わりのある場所では、物がただで貰えることが多いのはこうした理由による。

公的な贈与は日本でも、仏教において寺社や貧者にお金や物を与える「喜捨」などの形で存在してきたと言われる。仏教徒などが行う、貧者や病人を救済する慈善事業はあった。けれども、ヨーロッパのようにそれが盛んな地域だったとは言えない。

日本における喜捨や公的贈与は、それほど広まってはいなかった。日本の伝統的価値観では、援助や助け合いは仲間内で行われるものであり、見ず知らずの他人を積極的に援助すべきだという信条はなかったとされる（註8）。援助には何らかのお返しが想定されていて、お返しができないのは「義理」を欠くと見なされた。

寄付も世界的に見てそれほど盛んではない。二〇一四年にはアメリカでは年間個人寄付額が三〇兆円だったのに対して、日本ではその四〇分の一の七四〇〇億円程度だ（註9）。

贈与はいいことばかりではない

それならかつての贈与にあふれた世界は、この世のユートピアだったのだろうか？決してそんなことはない。

お返しの煩わしさは、真っ先に思い浮かぶ贈与のマイナス面だろう。すでに述べたとおり、あげたい人が他者に一方的にあげることで成り立つ経済はない。かつての贈与経済は、お返しを貰うという前提の上に成り立っていた。

個人の自由を求めて伝統的な村や血縁集団から離れた近代人は、贈与と返礼の義務からも遠ざかった。誰でも、贈り物やお返しのことばかり気にしながら生きているのは面倒なのだ。そんなことで忙殺されたりもめ事を起こすくらいなら、贈り物などないほうがいいというわけだ。それは十分に理のあることだった。今のプレゼントやギフトもかつてに比べれば、返礼の義務の薄いものに変わっていることに気づく。

あげたり貰ったりがもっと盛んな社会にしたいとは言え、面倒なだけの儀礼的な贈答習慣を復活させても意味がない。古い習慣のマイナス面は継承せず、今風の贈り物文化を作ればいいのだ。けれども、何の返礼もない贈与が長続きするとも思えない。贈与を広く行き渡らせるためには、どの程度返礼が必要なのか。それは非常に微妙なさじ加減の問題だが、考えねばならないことだ。

また贈与経済というと、まるですべての人が他人を思いやっている夢のような経済を想像してしまうが、そうではない。現在でも贈与には、賄賂や見栄など、自分のために行われる面があるが、これはかつての社会でも変わりはない。贈与はそれ自体では、他人思いの善行とは限らない。

北アメリカのインディアンが行う「ポトラッチ」という贈与の宴は、それを如実に物語っている。部族の首長などが客を招いて開くこの宴は、主催者は相手がお返ししきれないほどの大規模な贈り物をして、相手の面子を潰そうとする壮大な見栄の張りあいなのだ。そのために時には、貴重な財産を目の前で燃やしたり、壊したり、奴隷を殺すこともあった。贈与とは今でもそういう側面を持っている。

こうしたことについて語る場合、「性善説」のようなものをむやみに強調するのは、物事の本当の姿を覆い隠すので気をつけねばならない。ただしどれだけマイナス面があっても、贈り物が自発的に自分の物やお金をあげるという行為から始まることに変わりはない。そこでは「がめつさ」よりも「気前の良さ」が尊重される。自分の利益を最大にせよ、一銭の得にもならないことをするなと説く資本主義よりも、世の中の基本になる原理としては、はるかに魅力的だ。

（註1）mixiの〈あげます&ください〉コミュニティ、〈あげくだ〉〈ガレージセール〉などがある。

（註2）関連する法律の条文は以下。許可が必要なのは「一般交通に著しい影響を及ぼすような」行為とされている。

道路交通法第七七条　次の各号のいずれかに該当する者は、それぞれ当該各号に掲げる行為について当該行為に係る場所を管轄する警察署長の許可を受けなければならない。

四　前各号に掲げるもののほか、道路において祭礼行事をし、又はロケーションをする等一般交通に著しい影響を及ぼすような通行の形態若しくは方法により道路を使用する行為又は道路に人が集まり一般交通に著しい影響を及ぼすような行為で、公安委員会が、その土地の道路又は交通の状況により、道路における危険を防止し、その他交通の安全と円滑を図るため必要と認めて定めたものをしようとする者

（註3）愛知県名古屋市の〈かなやまFREE SHOP〉、茨城県つくば市の〈くるくるひろばinつくば〉、京都の三条大橋下〈ほげ0円ショップ〉などが、本書発行の時点で連続開催されている。

（註4）『Hungry for peace』K.McHenry, See Shape Press, 2012

（註5）『共同体の基礎理論』内山節、農文協、二〇一〇年

（註6）『社会史研究1』「ヨーロッパ原点への旅」阿部謹也、日本エディタースクール出版部、一九八二年。個人と個人の関係を越えた、より普遍的な「公的な

るもの」の概念もここに生まれた。日本には長らくそれがなかったとされる。
（註7）貧しい巡礼者・旅行者、托鉢修行者、物乞い、借金を返済できない者などに財を分け与える行い。元は仏教の言葉。
（註8）『日本人の可能性と限界』中根千枝、講談社、一九七八年
（註9）『寄付白書　２０１５』日本ファンドレイジング協会編・発行、二〇一五年。寄付先を見ると宗教関係、国・自治体、自治会・町内会などに寄付した人が多い。

第二章

共有する

余っているものを分け合う

当たり前だった「貸し借り」

ここ数年新しい共有のブームが起きていることは明らかだ。まえがきにも書いた、自分が持っているのに使えていない物をもっと有効に使おうというこの動きについてはこの章で詳述する。シェアハウスが流行し、自動車会社自身がカーシェアを進め、〈airbnb〉（エアビーアンドビー）をはじめとするシェア仲介サイトが話題になり、政府でさえシェアリング・エコノミーの推進を掲げているのだ。これは物が溢れかえった世の中に生きている我々が向かうごく自然な方向であり、大量生産・大量消費に対する生理的な反動と言ってもいい。

それほど遠くない昔、我々は効果的にシェアを行っていた。小津安二郎監督の一九五三年の映画『東京物語』のなかにこんなシーンがある。

田舎から出てきた老夫婦が、一人暮らしの娘のアパートの部屋にやってきた。そこで娘は隣の部屋の主婦から酒を借りに行く。一升瓶を借りて戻った後、さらに徳利とおちょこも借りに行くと、ついでにピーマンの煮物も貰って戻ってくるのだ。

この頃はまだ東京のアパートの住人の間でも、ちょっとした物の貸し借りが行われていたのだ。このようなやり取りは現在ではまず見ることがないが、おそらく日頃から酒を飲まないのであろう娘が、この日だけのためにわざわざ酒やおちょこを買うのと、隣から一時的に借りてくるのと、どちらが合理的だろうか。

また少なくともこの映画が作られた一九五〇年代頃までは、ある家で風呂を沸かして近所の人を呼び、代わる代わる入るという「もらい風呂」の習慣まであった。各家に風呂があったわけではなく、沸かすのも大変だったので、こうした風呂の共有が行われたのだが、これがいい交流の機会になっていたのだ。

自宅パーティー、道具、服、DVD

では今の我々には、どんなものがシェアできるだろうか。

二〇年前、三〇年前に比べて増えてきたと感じられるものに、自宅での食事会や飲み会がある。皆で飲んだり食べたりする時に、わざわざ店に入らず、参加者の誰かの空いている自宅、自室を利用するもので、部屋のシェアと言える。パーティーというほど大げさなものでなく、部屋での飲み会でもいい。こうすることではるかに安く上げることができるのは、スペースや労力の無駄を省いたからだ。

この場合気をつけたいのは、会場の提供者の負担が少なくなるようにすること。食べ物、飲み物はなるべく持ち寄り、支度や片づけは分担して行おう。そして会場はできれば持ち回りで。ひとりに負担をかけすぎないことが、先々まで何度も行うための秘訣だ。最初は、人を呼べるような部屋ではないとためらう人も多いだろうが、気にしすぎていることも多い。

また「滅多に使わないが誰でも必要になり、なおかつ高価な物」は、まさにシェアに絶好のアイテムということになる。

例えば家で使う道具では、電動ドライバーや塗装用具、電気ノコギリ、梯子といったＤＩＹ用品。特大の鍋などの特殊な台所用品も買って眠らせておくケースの多い物だ。旅行・アウトドア用品のテントやバックパック、スーツケースなどはサイズが様々だが高価なので、あれこれと買いそろえるわけにもいかず、貸し借りするのに向いている。携帯用のアダプタプラグなど海外旅行用品にも、ひとりがひとつ持っている必要のないものが多い。旅行会社がレンタルを行うサイトもある（註1）。

女性がフォーマルな場で身に付けるジュエリー・装飾品もまた、高価だがほとんどの時間は眠っているシェア向き用品だ。礼服のような冠婚葬祭の時だけ身に付ける物もシェアするのがいい。

ＤＶＤやゲームソフトも、見終わった後、やり終えた後に滅多に使わなくなるため、共有に向いている。著作権上は映画などのＤＶＤは、公に無料・非営利の上映会を行うことができるのだ（註2）。

またこうした物の共有相手は、貸し借りをするほどの親しい人がいなくても、現在ネット上に溢れている。インターネットの発達もシェアブームには欠かせない要因だ。

人の家に泊まる／泊める

お金をまったく使わずに二〇年も暮らしていることで知られるドイツ人女性ハイデマリー・シュヴェルマーは、泊めてくれる人の家を転々と泊まり歩くことでその生活を続けている。言わば居候生活をしているわけだが、それは単なるはた迷惑な行為なのだろうか？　彼女のドキュメンタリー映像によれば、ひとつの家に泊まる期間は一週間ほどだが、決してただ世話になっているばかりではない。料理や掃除などの家事を手伝い、子供の相手もするし、また何よりも泊めてくれた人のいい話し相手になる。お金を使わない暮らしの先生でもある。有名な彼女に泊まってほしい人は少なくないだろう。

このように他の人の家に泊まること、人を泊めることで、自分たちの得意な能力、足りない能力を補い合うことも共有、あるいは贈与・返礼（互酬）の一形態だと言える。

旅行に行った時などに人の家に泊まること、また人を泊めることも、空いている寝床の貸し借りというよりわかりやすい共有活動だ。

もし誰かの部屋に泊まることができれば、もちろん宿泊費は無料。また旅行中などは現地の人にしかわからないいい店や見どころも、泊めてくれた人に教えてもらえるだろう。布団がなくても、寝袋を持っていればスペースを提供してもらうだけでいい。

人を泊めるのも、決して煩わしいことばかりではない。頻繁に遠方から来た知人を自宅に泊めている人に聞いてみると、出向かなくても遠方の人とも会える、子育てを手伝ってもらえる、料理を一緒に作れる、といった様々なメリットを語ってくれた。海外からの旅行者を泊めれば、家に居ながらにして滅多に聞くことのできない海外の話をじっくりと聞ける。また自分が相手の住んでいる所に行った時には、家に泊めてもらえるかもしれない。

人を自分の家や部屋に泊めたことがなければ、他人との同居にはどんな不都合が生じるかわからないのでやめておきたくなるものだ。人には知られたくない自分の大切な日々の習慣ができなくなるのは、誰でも心配だ。自分もかつてはそう思っていたが、一度泊めてみると、それほどの不都合はないことに気づく。

スイスの青年を六週間泊めてみた!

自分でも海外からの旅行者も含め、時々人を泊めることがある。最も長く泊めたのは、スイスから来た青年の六週間だった。彼とは以前に来日した際によく会っていて、世話のかからない人物であることは知っていた。けれども当初心配したのは、長く人を泊めたことがないので、例えば生活時間や食事、風呂など、どんな毎日の習慣の食い違いが出てくるかわからないこと。長く泊まってもらう約束をして、もし最初の一週間くらいで厳しいと感じた場合、その後どうすればいいだろうという漠然とした不安だった。

実際には特にそのようなことは起きなかった。料理が非常に上手かったので、毎日珍しい料理を作ってくれたし、ヨーロッパの伝統的な料理の作り方も教わることができた。食材も良質のものをいつも買ってきてくれた。また現地の話、日本との違いなど、短時間海外の人と話しただけではなかなか得られない貴重な情報を得ることができた。それらだけでも、毎日ある程度の家賃を貰っているようなものだった。

難しかった点を挙げるなら、第一に英語だ。これは海外の人と寝泊まりする多くの日本人にとって、最大の問題になるのではないか。我々は日常生活において、他の言語では表現できないような、時には意味すらない微妙なニュアンスの会話を交わしながら、生活の潤滑油としていたことがよくわかる。些細なことを英語で話してみたが、通じないことは何度もあった。そうすると、これを英語で話せるかどうか自信がないが、互いに何も話さずに黙っているのも気まずい、という迷いに日々直面することになった。

第二には、これは海外の人相手の場合に限らないが、ある程度息の抜けない日が続くということ。

そして第三に、気をつけてはいたものの、あれこれと関わることで自分の日々やるはずだった作業がなかなか進まなくなったこと。けれどもこれは自分の責任であり、慣れなかったせいでもある。

けれども振り返って見れば、当初懸念した生活習慣の食い違いの問題は何とかなってしまった。

人を家に泊める時の注意としては、無理に四六時中一緒に過ごそうとしないこと。こちらも疲れてしまうし、訪問者が切実に欲しているのは寝る場所というケースが多いので、それを提供しただけでも十分に感謝してくれているはずだ。相手の起床時間、食事時間、翌日一緒に行動するのか、食事はどうするのか、風呂は入るのか、いつ出発するのかなどがわからずに、気をつかいすぎてしまうこともあるが、相手もそれを決めていない場合は多い。家のなかの使ってもいいもの、自分たちの生活時間などを伝えて、あとは基本的に放ったらかしでもいいと考えておこう。

配膳など手伝ってもらえる作業があれば、それを頼めるということも大事だ。

泊まる側が気をつけることとしては、決して相手の負担を重くしないように、最低限は手伝いを申し出るといいだろう。一泊や二泊なら気にすることもないが、手土産などもできるなら持参したほうが印象はいい。

また一概には言えないが、あなたが直接面識のない人に泊めてもらうなら、ある程度のコミュニケーションが求められていることが多いので、夕食くらいは共にしたほうが喜ばれるかもしれない。もちろん一緒に夕食を作るのもいい。

無料で泊まれる〈カウチサーフィン〉

海外に行って知らない人の家に無料で泊めてもらうこともできる。〈カウチサーフィン〉（COUCHSURFING）という泊まりたい人と泊めたい人をつなげるサイトを利用すれば、すぐに相手が見つかるだろう。

〈カウチサーフィン〉は二〇〇四年から始まった世界の無料宿泊提供サイトだ。日本ではあまり知られていないが、ヨーロッパなどでは盛んに利用され、サイトによれば全世界二〇万の都市に一〇〇〇〇人以上のメンバーがいるという。カウチとは寝椅子（ソファー）など簡単なベッドのことで、空いた寝床の貸し借りをするのがこのサイトなのだ。

なぜ無料で泊まれるのかというと、このサービスは基本的には、旅行中に空いている寝床を貸してもらう代わりに、自国では自分がそれを貸してあげますよ、という贈与・返礼の原則に則っているからだ。

サイトに登録すれば、泊まる側（ゲスト）として泊めてくれる人（ホスト）を探すのもいいし、あるいは受け入れ可能と表示してゲストを待つのもいい。もちろん受け入れは義務ではなく、ホスト、ゲストどちらか一方だけの利用もできる。

泊まりたければ、行く都市名で検索すれば、受け入れを表明している人が出てくるので、そのなかから自分に合いそうな人にリクエストを送る。相手がそれを承認すればあとは泊まるだけ。相手に安心してもらえるように、自分のプロフィールやメッセージは丁寧に記入しよう。

ゲストとしての注意事項は、まず女性が男性の家にひとりで泊まる時は、相手の選択に十分に気をつけること。実際に女性がレイプされる事件も起きている。相手を決める際には、自己紹介をよく読み、評価（リファレンス）の良い人を選ぶのが無難だ。ただゲスト、ホストいずれの立場から見ても、「見知らぬ人への警戒心」は、今我々が持っている程度で十分と言えるが。

そして、決して無料のホテルに泊まる気分でいないこと。ホストも国際交流を求めてただで泊めてくれているのだから、ある程度の交流は必ずするべきだ。事前の英文メールのやり取りに加えて、英会話も最低限はできたほうがいい。そして人の家に泊まるのだから、こちらから何か手伝えること、してあげられることなどあれば進んでやろう。

また宿泊施設ではないのだから、立地がいいとは限らない。○○市に住んでいるとは言っても、日本でも推測できるとおりその範囲は広い。我々がすぐに想像するような中心部にあるとは限らない。それでも、話せる言語や泊まる部屋の状態などはプロフィールに書いてあるものの、住所を書いている人はまずいない。そのためホストの家がどこにあるかは、リファレンスを丁寧に読んで推測するしかない。

さらに泊まる際には、ホストの生活時間にこちらの時間を合わせる必要が生じるなど、ある程度の不便は覚悟すること。ホストが早朝に出勤するなら、それに合わせて自分も外に出なければならないことも多い。これらのことは事前に確認しておくといい。

ただし、リクエストを出せば必ず承認されるわけではないことを考慮して、あまり選びすぎないようにすることも大事だろう。特にリファレンスをひとつも貰っていないなら、当然ホストに信用してもらえる可能性も低い。

一方ホストとして「受け入れ可能」と表示すれば、大都市や観光地なら次々とゲストから連絡が来るだろう。相手を選ぶことはできるので慎重にプロフィールなどを読もう。人を泊める時の注意はここでも同じだ。食事の提供、風呂、布団、観光の付き添いなどについては、構いすぎない心構えでいい。

ベトナムでの〈カウチサーフィン〉体験

自分の〈カウチサーフィン〉体験も紹介しておこう。ベトナム南部のカントー市でのことだ。まずはカントー市のホストから、英語が話せる、リファレンスが多い、そして市の中心部から近い、などの条件でふさわしい相手を選び出す。自分の場合は短い日程の観光の合間の滞在になるため、街の中心部から遠い場所には泊まることができない。多くのリファレンスを読み込んでホストの家の立地や環境を把握するのには、途中で投げ出したくなるほど多くの時間がかかった。そしてあるホストを選んでリクエストを送ったが、自分のプロフィールにはまだリファレンスがひとつもないせいか返事は貰えず。とうとう出発の日になってしまった。

やむを得ず現地でサイトを見てカフェを営む別のホスト、ネイさんを直接訪問してみる。話をしてみると宿泊OKとのことなので、あらためてリクエストを送り、一泊の宿泊を承認してもらった。

宿泊当日、昼に行って大きい荷物を置かせてもらった後、夜九時半頃に戻る。寝かせてもらえるのは閉店後に空いたカフェのスペースなので、使えるのはカフェ閉店後から翌朝の開店までとなる。こうした不便さも〈カウチサーフィン〉にはつきものだ。それにしても、これも有効なスペースの使い方だと感心した。このカフェには、多い時には毎日のようにカウチサーファーが訪れ、さらには不要な本の交換棚を作っていたり、英会話や音楽の集まりを開いていたりと、共有の発想が随所に生かされていた。

夜カフェに戻ると、カフェの常連の若者たちが、ネイさんと一緒に待っってくれていた。

さらにもうひとり、〈カウチサーフィン〉歴すでに八回というドイツ人旅行者もいた。常連の若者たちはギターやカホンを使って現地の歌を紹介してくれて、現地の暮らしについても聞かせてくれた。お返しに日本の歌を歌った時は、冷や汗で汗だくになってしまった。ひとしきりベトナムや日本の歌と話で盛り上がった後は、いよいよ就寝。

ネイさんはシャワーの使い方、電灯のスイッチ、蚊帳の張り方まで教えてくれて、シーツと毛布を渡すと、自室で寝てしまう。我々は、客用の座布団を何枚も敷いて寝床を作り、シャワーを順番に浴びて、旅行についての話をした後で消灯。心配したほど寝床が硬くて眠れないわけでもなく、気がつけば朝になっていた。カフェは朝七時半からなので、七時に起きて荷造りを済ませ、多少店の開店準備も手伝う。そしてネイさんと少し話をしてから出発。短い滞在だったが、現地で普通に暮らしている人からの様々な情報を聞けたのは、まさに得難い体験だった。

〈カウチサーフィン〉の難しさとして自分が感じたのは、やはりまずは英語力だ。ネイさんやその友人たちが流暢に英語を話している一方で、聞き取れずに聞き返すことを繰り返すうちに交流も苦しくなってきて、黙りがちになってしまう。それほど心配する必要はないが、交流こそが〈カウチサーフィン〉の最大の目的なので、やはりある程度は英語が使える必要がある。もっとも自分が泊まったのはたまたま現地の人と広く交流ができる場所だっただけで、普通はこんな大掛かりな交流が待っているわけではない。

そして、〈カウチサーフィン〉はやはり面倒だということ。まったく知らない人の家に泊まるという離れ業をやるには、やはりそれなりのハードルがある。交流が一番の目的でない人なら、宿泊にこれほどの労力を費やすことができず、多少のお金を払ってホテルに泊まってしまうだろう。

ただし、海外旅行中にどれだけ現地の人と話しても、知り合いがいない限り観光や商売の関係者以外の人とまで親しくなることはまず不可能だ。だからこそ、ある程度大変でも、それだけの価値がある。また共有には人間関係がつきものだとあらためて実感させられた。

有料で部屋を借りる／貸し出す

空いている部屋やベッドを、必要としている人に使ってもらって、相応のお金を貰うのもいい。お金を貰うことを本書は否定するわけではない。こうした部屋の貸し出しをネット上で仲介するサイトも世界的に、広まっている。その代表がすでに書いた〈airbnb〉（エアビーアンドビー）で、これは現在一九〇カ国以上に広がっている、誰でも自分の空き部屋を宿泊客に貸し出せるサービスだ。

〈airbnb〉を通して空いた部屋に泊まりたい場合は、〈カウチサーフィン〉のようにまずはサイトに登録し、街の名前で検索する。通常の宿泊施設よりも安い宿がいくつも見つかるだろう。大量にある場合は、部屋の料金などで絞り込むといい。

東南アジアの国々でこのサイトから部屋を探してみた自分の印象を言うと、立地のいい施設は行ってみると、単なる安いホテルが名前を隠して登録していただけだったことが何度もあった。一般の住宅の一室を貸し出している場合は、市内の中心部のような交通の便がいい場所にあるとは限らないので要注意である。そしてシェア物件である割には値段がそう安くもなく、最も安いバックパッカー向けの宿よりは多少高めであることが多かった。

日本の場合、住んでいる家の空き部屋の貸し出しは、二〇一八年施行予定の住宅宿泊事業法によって随分やりやすくなる。ホテルや旅館と同様の基準が適用されることはなくなり、住宅地でも部屋貸しができるようになる。まずは、都道府県知事などに届け出て、民泊をしている標識を出す。施設のなかには避難経路や外国語での注意を表示したり、宿泊者の名簿を作ったりしなければならない。一年で貸し出せる日数は一八〇日までだ。決まりはよくチェックしておこう。

あとは〈airbnb〉のような仲介サイトに登録をする。〈カウチサーフィン〉よりは、お金を取っている分だけ管理人としての役割が求められる。

〈airbnb〉の調査によれば、世界的には利用者の七〜八割が自宅の貸し出しだという。

これに対して日本では、自宅とは別の専用の不動産物件を貸し出している人が多いとされる。

また世界的に見ると、税金を課す、年間宿泊日数を制限する、損害保険に加入させるなど、ある程度の規制を加えながらも、一般の人でも部屋を貸し出せるようにする方向が一般的だ。ロンドン、パリ、アムステルダム、そしてサンフランシスコ、フィラデルフィアなどのアメリカ各都市では、このような形で合法化が進んでいる。

車を相乗りしよう

自動車の相乗りも、空いている座席を共有しようという試みだ。そのほうが交通費も安く上がるし、ガソリンの使用量はひとりが一台に乗った場合の半分、三分の一と下がるので環境のためにもいい。

大勢の仲間で自動車で移動するなら、なるべく座席を埋めるというのは誰でも考えることだろう。特に大きな音楽のフェスティバルやスキー場へ行く時など、同じ目的の人が多くいる時には、見知らぬ人を誘ってガソリン代を割り勘にしたいところだ。フジロックフェスティバルの前にはtwitterなどでも相乗りが呼びかけられているし、スキーやスノーボード好きの間でも、mixiや専門サイトに相乗り募集のコミュニティが多数あり、盛んなやり取りが行われている。

相乗り募集サイト〈notteco〉（のってこ）のように、相手から指定した料金を貰うサービスもある。この場合貰うのは乗車料金ではなくガソリンや高速道路の代金なので、違法ではない。こうしたサービスはヨーロッパなどにもすでに存在する。

またタクシーに乗る場合でも、特に深夜の長距離移動の際には相乗りの相手を探してみよう。タクシーの相乗りは国も推進に乗り出している。


空いている座席に人を乗せて目的地に運び、お金を貰う方法も世界的に広まっている。〈Uber〉（ウーバー）はその仲介業者の代表だ。ただしこうしたやり方は、空いている座席のシェアというよりも、事実上は専門のドライバーによるタクシー業となっているところが難しい。

もし海外で〈Uber〉を使って空いている車に乗りたければ、まずはアプリをスマホにダウンロードする。自分の位置が確認されるので配車を依頼すると、近くにいる登録した車がそれを見つける。そのタクシーではない一般の車が拾ってくれて、入力した目的地まで運んでくれる。定められた料金をクレジットカードから引き落とすので、ごまかされる心配もなく、一般のタクシーより若干安い。

〈Uber〉は〈airbnb〉と同様に、既存のライバル業者（この場合はタクシー業者）からの激しい抗議にあいながらも、アメリカを中心に世界中で利用者を増やし続けている。ただし日本では、無許可のタクシー業と見なされるため普及しておらず、ヨーロッパにも規制を加えたり、あるいは営業を認めない国や都市は多い。

「ヒッチハイク」も空席のシェア

世界中を貧乏旅行しているあるオーストラリアの若者から聞いたところでは、意外にも日本はヒッチハイクのしやすい国なのだという。実際にヒッチハイクを利用して国内旅行をする若者は多い。

ヒッチハイクは相乗りをお願いする最も一般的な方法だ。必要なものは、行く先を書く大きなスケッチブックのような紙とマジックペン。運転手に見えるように、行き先をなるべく太く大きく書き込み、道端で掲げる。

高速道路を使うような遠距離の移動をするなら、車を拾う場所は最寄りのインターチェンジ入口の手前の道端がいい。東京なら、用賀インター手前のマクドナルド付近が非常によく利用されているという。車のスピードが落ちる場所や、気づいた運転手が車を止めやすい場所であることも条件だ。信号待ちの車にひとつひとつ声をかけていく方法もある。

そして掲げる地名だが、例えば東京から大阪に行く場合なら、いきなり大阪と書いても乗せてもらえる確率は低い。そこまで行く車は少ないし、同乗時間も長くなるので運転手にも抵抗感がある。その場合は、途中にある主要都市やインターチェンジの名前にして、何度か乗り継いで到着する方法を取ろう。警戒心がなくなれば、そのままもっと先まで乗せていってくれる場合が多い。

高速でもっと先まで行きたい場合は、次のヒッチハイクがやりやすい大きいサービスエリアで降ろしてもらおう。サービスエリアやパーキングエリアでは運転手に個別に話しかけて交渉することができるので、一般の道路上より成功率は上がる。道の駅もこのようなヒッチハイクができる場所だ。

三〇分待っても誰も止まってくれなければ、待つ場所や書く行き先を考えなおしてみよう。

女性がひとりで男性だけの車に乗る時には十分に気をつけること。ただ少なくとも日本では、相手を警戒しすぎる必要もない。そして、乗せくれた人は移動中の話し相手を求めていることが多いので、眠りこまずに運転手と会話しよう。これらは人の家に泊めてもらう時の注意と全く同じだ。

海外旅行中は特にヒッチハイクをしたくなるケースが増えるが、欧米ではヒッチハイクがより一般的なのでやりやすい。

そして近い目的地を書いた方が乗せてもらいやすいということは、ヒッチハイクはより日常的な近距離の移動にも使えるということだ。

ネットの無料共有物を使う

インターネット上にも、音楽、動画、文章、写真、マンガ、絵、ソフト、ゲームなど実に様々な無料の共有物が溢れている。無料である理由も様々だが、まずはYouTubeにあがった楽曲のように、著作権を侵害して違法にアップされているものがある。さらに作った人の善意で提供されているものがある（註3）。そして商品の宣伝になる、あるいはそれがアクセスを増やすことで広告費が稼げるなどで商売になっているものがある。これらは混然一体となっていて、区別がつきにくいが、ここでは違法でも商売でもないものを紹介する。

●著作権切れの作品

国によって異なるが、日本では著作権の保護期間が、著作者が死んでから五〇年までとなっているため、それ以降は「公有（パブリック・ドメイン）」という状態に置かれる（註4）。文学、音楽、映画、絵画など実に様々な作品が、著作権保護期間を過ぎており、二次利用もできる状態になっている。ただし音楽の演奏者やレコード製作者の持つ「著作隣接権」もあるので、気をつけよう。

〈青空文庫〉というサイトでは、著作権が切れた膨大な国内外の小説や評論を無料で公開している。他にも検索エンジンやYouTubeで「パブリックドメイン(public domain)」で検索すれば、著作権切れ作品やそれらを集めたサイトが見つかる。

●クリエイティブ・コモンズ

クリエイティブ・コモンズ(CC)のマークが付いている著作物も、条件に応じて無料で二次利用することができる。CCとは著作権者の権利のうちのいくつかだけを主張することで、作品を自由に使いやすくする国際的なライセンス制度だ。例えば「CC」のマークとともに、「クレジットを表記する」とか「商業利用は禁止」といったいくつかのマークがついていれば(下図)、その作品はその制限内で自由に共有できる。

アメリカの有名なオルタナティブ・ロックのバンド、ナイン・インチ・ネイルズも、CCライセンスを入れてアルバムを二枚発表している。

クリエイティブ・コモンズのマーク。この場合は「クレジット表記が必要、商業利用不可」の意味

写真共有サイトの〈Flickr〉にも世界中から膨大な数のCCライセンスの写真がアップされており、本書でも利用させてもらった。

音楽や動画などは、多くのものが違法にアップされてしまっているため、共有が許されていても有難みが少なくなっているが、CCライセンスがあればリミックス、サンプリングなど二次利用もやりやすくなる。お金はいらないからどんどん作品を使って広めてほしいと思う人には、絶好のライセンスだ。

庭を開放する「オープンガーデン」

自宅の庭を一般の人々と共有する。この試みが、今日本でも広まりつつある「オープンガーデン」だ。自分の庭を手入れするのが好きで、どれだけ見事に花を咲かせ木の枝を剪定しても、それを愛でてくれる人が少なくては面白くない。そこで考え出されたのがこのやり方だ。

どんな庭でも住む人の個性が表れていて、見ていて楽しいものだが、知らない人が作りこんだ庭まで堪能することができるのは嬉しい。

オープンガーデンは日本では、自治体の一部署や外部の団体が中心になって、庭を開放したい家庭を取りまとめて紹介している。一年中開催しているもの、期間限定で開催するもの、いずれの場合もある。また個人の庭ではない、町中や店の植え込みなども併せて紹介することもある。近くの自治体が実施していないか、ネットで調べてみよう。

訪問手段は自転車が適している。自動車は止める場所がない場合が多いし、徒歩ではそうたくさんは回れない。また、ガーデンをめぐるバスツアーを企画している団体もある。パンフレットがあるはずなので、手に入れて開放している季節、曜日、時間、場所などを確かめて訪問しよう。

訪問する際には、入退場時に庭主に声をかけるのかどうかなど迷うところがある。主催する団体によって異なるが、一般的な注意には以下のようなものがある。

●草花を傷つけたり、種を持ち帰るのをやめる。
●「外からどうぞ」と書かれているお宅では、チャイムを鳴らさない。
●開放期間や時間を守る。
●近所に配慮する。
●自分のゴミは持ち帰る。

オープンガーデンを開くならば、本来は庭の開放を宣言して告知すればいいのだが、庭好きの人に知ってもらえるかどうかはわからない。開催団体と連携して、広く知ってもらうのがいいだろう。

オープンガーデン発祥の地は、イングリッシュガーデンの名があるとおり、庭作りの人気が高いイギリス。一九二七年にオープンガーデンを開催する団体ができて、現在も毎年全国のオープンガーデンのガイドブックを出している。日本でオープンガーデンが行われるようになったのは二一世紀に入ってからだ。


では実例として、東京都小平市のオープンガーデンを見てみよう。

二〇以上もある小平市のオープンガーデンのうち、実際に自宅の庭に入ることができるのは、森田さん、柴山さん、中山さんの家など数少ない。その他は、敷地外から眺められる家の庭や店や街頭の植え込みなどを紹介している。

森田さんの庭は家が何軒も建つほどの広い敷地に、所狭しと草花や低木が植えられた、ターシャ・テューダーの庭のような場所。単なる一般家庭の庭ではない。敷地内に小路が巡らされ、休憩のできる東屋もある。春、秋をピークとして、どの季節にも見どころがある。敷地内には蕎麦屋まであり、いつでも多くの人が訪れている地域の憩いの場だ。ただし明らかに一般家庭の庭でないのは、この森田さんの庭だけ。

柴山さん宅には「オープン」と書かれた札がかけられていて、わざわざ家の人に声をかけることもなく木戸を開けてしばらく小路を歩いていくと、母屋と芝生の広い庭が現れる。庭には和風の草花や庭木が花を咲かせ、訪問客用に用意された椅子とテーブルでくつろぐこともできる。家の人と話をして気を遣わせることもない。こんなふうによその庭を見ることはまずないので、とても新鮮だ。

中山さんの庭は、自宅敷地から離れた小さな区画なので、気兼ねなく見ることができる。レンガ敷きの小路の両側やアーチにはつるバラを中心に、様々な草花やハーブが咲いていて、イングリッシュガーデン風だ。

小平市のオープンガーデン

もちろんオープンガーデンは、公園のようにくつろげる広い場所ではない。それでも他の人の庭を見るのは、こんなにもわくわくするものだったかと思うほどに胸が躍る。絶対に立ち入れない私的な空間という固定観念があったからだろう。そして庭を作り込む情熱に感激する見物人もまた、庭主たちのやりがいを生む役に立っている。理想的な共有のあり方だ。

この章のレクチャー

なぜ私有が行きわたったのか？

農耕社会が土地の私有を生んだ

共有について理解を深めたければ、やはり共有・私有の歴史を辿るのが一番だ。現在我々ひとりひとりが個人として持っているものの数は、それ以前のどんな時代とも比べものにならないほど多い。一体どのようにして、これほどのものを共有でなく私有するようになったのだろうか。

人類の歴史の初期、狩猟採集が行われていた部族社会では、土地や道具など生産のための手段は現在のように個人が持っているわけではなく、部族などの共同体の持ち物とされていた。それは主義主張からそうしていたわけではなく、持てる物が限られていて、個人という概念が今のようには発達していなかったためだ。この段階は農耕社会の登場まで続いたとされる。

現在でも遊牧や狩猟採集を基本とする社会では、土地の所有は原則として認められない場合がある。伝統的に遊牧が行われてきたモンゴルでは、国土の八〇パーセントを占める牧草地は所有の対象となっていない。アメリカ先住民、イヌイット、オーストラリア先住民の社会でも土地所有の概念は薄い（註5）。

農耕が始まると、土地は私有されるようになった。自らが耕した土地と苦労して育てた作物が皆のものでしかないならば、土地を改良したり日々作物の手入れをする努力は、ある程度までしかしなくなることが予想される。土地や財産を私有させることは、社会的に各個人の努力を引き出すやり方でもあったというのが、私有が起きた理由のひとつの説明のしかただ。ただしこのやり方では、各個人の持ち分の「差」が生まれる。ここから社会には、財産をたくさん持っている人、ほとんど持っていない人など、階級の違いが表れるようになった。

産業革命が起こり、個人の自由が認められる近代社会になると、私有財産制度は社会の基本的な原則となる。個人が自由にものを売ったり買ったりするためには、財産を私有する権利がはっきりと認められている必要がある。こうして私有は全盛を極めるに至った。

日本の共有財産「入会地」

我々の身近にも、かつての共有社会の名残はある。

日本には古くから、皆が薪や草を取ってきて燃料や建材に使ったり、木を植えたり、放牧を行ったりする共有の場所があった。漁業をするうえでも、海岸や沿岸部の漁場は地域の人々によって共同で管理され使われる。もちろん川（水）も共有物のひとつだ。こうした場所は「入会地」と呼ばれているが、これは誰が所有していることになるのだろうか。

入会地はそこを使う権利を持った人々が、外の人が勝手に使えない形で、共同で所有している。つまり、共有と私有の中間にある場所なのだ。こうした入会地は世界各地で同じように存在する。日本の入会地の多くは明治以降、国有地や私有地に変わってきた。ただし海をはじめとする地球上の大部分は、今も誰のものでもない共有地であり、他の生き物のことも考えれば、自然界のすべてが人間だけのものではない共有財産であることは忘れるべきでない。

共産主義は共有財産社会を目指した

世界に最も広く知られた共有主義と言えば、社会体制としての「共産主義」になるだろう。共産主義の共産とは「共有財産」のことだ。こうした私有財産を大なり小なり否定する考え方は、古代ローマ時代などはるか昔から提唱されてきた。そして私有財産制度が発達して貧富の格差が広がった一九世紀のヨーロッパでは、カール・マルクスによる革命思想として大きく広まった。

この共産主義は二〇世紀前半にソビエト連邦を生み、戦後東ヨーロッパやアジアに社会主義国家を作った。社会主義は、工場や農場といった生産の手段を国のものにするなどして皆で共有しようという試みであり、共有主義のひとつには違いない。しかしより広い範囲の私有財産を共有しようとする立場からは、理想とする社会への途上にある状態と見なされた。

結局共産主義社会を実現しようとする試みは、八〇年代末から九〇年代初頭の社会主義圏の崩壊によって挫折してしまった。ソ連では農業の集団化、農場の共有化を強引に進めたため、特に富裕な農民のなかからたくさんの抵抗する人々が表れ、彼らを強制収容所に送るなどして弾圧した歴史もある。私有と共有をめぐる歴史を語るならば、このことを避けては通れない。

新しい共有の時代

共有の否定は、第二次大戦後の資本主義国において頂点を極めたかのように見える。五〇年代のアメリカではすでに、耐久消費財の市場は飽和状態を迎えていた。つまり必要なものは大方の人に行き渡っていた。そこで売る側が考えた戦略のひとつは、元々家庭などで共有されていたものを、ひとりにひとつ以上持たせることだった。

衣料用消臭剤は男性用と女性用の二種類を売り出し、眼鏡や水着は状況に合わせて使い分けるためにいくつも持っておくことを勧めた。家には各自が個人用のトイレを持つこと、さらには一家庭が二軒の家を持つことまでが業者によって提唱された。自動車についても同じキャンペーンが行われ、六〇年代に入るとアメリカの六家族に一家族は二台以上の自動車を持つようになった（註6）。

日本では電話機が「ひとりにひとつ以上」の典型的な道筋をたどった。かつては一家にひとつ玄関に置いてあったものが、後に一部屋、ひとりに一台、さらにはひとりに固定電話と携帯用の二台の時代に至った。ステレオやテレビも同様だ。携帯電話についてはさらにひとりに二台を持たせようとする動きもある。

このあたりが私有化のピークだったと言えるだろう。

二〇〇〇年代に入ると、アメリカやヨーロッパのインターネットでは、自分が余分に持っているものを有料で貸したい人と借りたい人をつなげるサイトが台頭してくる。こうした機能は、かつては雑誌の読者欄や自治体の施設にある掲示板などが担っていたもので、インターネットの発達は個人間のやり取り、売り買い、そして貸し借りを格段にやりやすくした。

貸し借り、共有の対象としては、自宅の空き部屋をはじめ、家（シェアハウス）、自動車（カーシェア）、空いている自動車の座席相乗り、着ていない服、空き駐車場、使っていない会議室、街頭の空きスペース、使っていない畑、スキル、工具・機械類、宝石やアクセサリー、バッグ、中古品そしてお金まで、ありとあらゆるものが貸し借りの対象となった。

自分が余分に持っている物ばかりではない。一日のなかの決まった時間帯、一年の一定の期間、使っていない時間がある物は、何でも貸し出すことができるのだ。これまで眠っていた持ち物が、新しい元手に見えてくる。

現在の先進資本主義諸国で起きている脱所有の流れは、私有が行きつくところまで行き、物が溢れかえり、人々がこの先もさらに物を生産することに違和感を持つようになった結果だ。人類の共有と私有の歴史から見ても、これは大きな転機だと言える。

（註1）H.I.S.や近畿日本ツーリストがネットでレンタルを行っている。

（註2）

著作権法第三八条一項　公表された著作物は、営利を目的とせず、かつ、聴衆又は観衆から料金（いずれの名義をもってするかを問わず、著作物の提供又は提示につき受ける対価をいう）を受けない場合には、公に上演し、演奏し、上映し、又は口述することができる。

（註3）例を挙げると、大ヒットマンガ『ブラックジャックによろしく』（佐藤秀峰作）の全話分は、現在ネット上で無料公開され、二次利用も許されている。自らのお金を使わない生活のドキュメント本を書いたマーク・ボイルは、二作目『Moneyless Manifesto』をネットに全文掲載している。アルバム全曲を無料で、あるいは無料か有料か選択させる方法で発表したミュージシャンには、U2、レディオヘッド、ナイン・インチ・ネイルズなどがいる。映画監督ではマイケル・ムーアが『Slacker Uprising』という映画をアメリカとカナダで無料公開した。

（註4）ただし、団体名義の著作物は公表後五〇年、映画は公表後七〇年が保護期間になっている。著作隣接権の保護期間は、作品が発表されてから五〇年間。また「パブリック・ドメイン」は著作権切れのものだけを指すわけではない。

（註5）『「所有権」の誕生』　加藤雅信、三省堂、二〇〇一年
（註6）『浪費をつくり出す人々』　V・パッカード、ダイヤモンド社、一九六一年

第三章

拾う

ゴミは宝の山

近所のゴミ、店のゴミ

ゴミを拾ってみよう。捨てられたゴミからまだ使える物を貰ってきて有効に使うことは、先進国、途上国を問わず世界中で行われている人々の大切な営みだ。特に貧者の知恵と言えるかもしれない。今日もアジア、中南米、アフリカのゴミ集積場では、「スカベンジャー」と呼ばれる拾い屋たちが価値のある物を見つけ出しては売りさばき、廃棄という最悪の事態から救出している。先進国でこの役割を担うのは主に最貧層の人々だが、「フリーガン」などそうではない人々によるゴミ拾いも注目を集めている。

また本章では、本来捨てられるはずのものを店頭や職場などで貰うことも、「拾う」行為の一部として併せて論じることにする。

まずは近所で出されているゴミをよく見てみよう。朝回収車が来る前に、各々の家の前や町の集積所を見て回れば、いかにまだ使える物が捨てられているかがわかる。食器、服、本、家電製品、家庭用品、雑貨など、実に様々な物が並んでいる。それらを貰って有効に使うことは、行政の手を煩わせることなく物を再利用する価値ある行為だ。

最近は自治体も、資源ゴミの持ち去り禁止などの対応策を打ち出している。けれども主眼とするのは持ち去り業者の取り締まりで、その多くは、個人がゴミを再利用することを問題視しているわけではない。自治体によってはすべてのゴミの所有権を主張しているところもあるが、ゴミが誰のものかは解釈によって意見が分かれる。その点については後に詳しく書くが、ゴミを有効活用することは本来咎められるような行いではない。

ゴミは家庭だけでなく、店からも出ている。業務用ゴミの回収車が来る前の夜遅い時間に行けば、ゴミ袋に詰められて飲食店の前には野菜や肉が、パン屋の前にはパンが、菓子屋の前には菓子が捨てられている。もちろん食べ物ばかりではない。服屋の前では服、靴屋の前には靴と様々だ。ゴミが出ている時間やよく出る曜日などをあらかじめ知ってから見て回ると効率がいい。より詳しい回り方や注意事項は後述する。

おから、野菜、新聞、食器……

では、どんな食べ物のゴミが拾いやすいのだろうか？　パンの耳やおからはサンドイッチや豆腐を作る過程でどうしても出てしまうものなので、拾う、あるいは貰うにはうってつけだ。これらを店頭で無料提供する店もあるし、店の前にゴミとして出しているところもあるので聞いてみよう。

身の部分から切り落とした大根やカブの茎や葉を無料で持っていけるように、店頭に置いている八百屋もある。さらにキャベツの外葉を拾う手もある。外葉は一枚剝いてから買う人が多いので、スーパーの店内には専用の容器一杯に入っている。店員に断ったほうが無難だが、大量に持っていくのでなければ問題にはならないだろう。「飼っている動物の餌用に欲しい」と言えばより貰いやすい。キャベツの外葉は本来最も栄養価の高い部分だが、農薬も付きやすいので、食べる時にはよく洗ったほうがいい。ただし店に並んでいるのは、すでに外葉を剝いたものだが。

食べ物以外でも、雑誌や新聞なら駅の専用のゴミ箱から拾っている人をよく見かける。さすがに雑誌を一冊一冊手に取って内容を吟味してから持っていくのは勇気がいるが、新聞を引き抜くくらいなら簡単だ。自分もよくやっている。駅のゴミ箱から雑誌を拾ってきて安価で売ることで生計を立てている人もいる。ただし駅によっては手を突っ込めないように、ゴミ箱の大きな口を塞いでしまっているところも増えている。

皿や茶碗のような陶磁器や、傘、フライパンのような不燃ごみ等は特別に回収箱を作って集めている自治体もあるので、そこから貰ってくる人もいる。

端切れ板を家などの建設現場から、断って拾ってくる人もいる。日曜大工好きの男性Tさんは、近所の現場に山と積まれた端切れ板のなかから明らかに捨てられそうな板を選んで、いらないかどうか確認してから貰ってくると言う。ダメと言われることはまずないそうだ。

近所の畑に、おびただしい数の熟れすぎたシシトウが捨てられていたことがあった。少し拾っていいかと作業をしていた人に聞くと、まず「なんで⁉」と驚かれた後で、「今回一度だけならいい。いつも入られては困る」と言われ、その時だけ貰っていったことがあった。色々警戒しなければならないことがあるのだろう。けれどもこうした廃棄作物は、もっと拾いたい人に開放されたほうがいい。

また図書館からは、古くなって除籍された本がリサイクル図書として出されているので貰える。専用の棚があるところにはいつでも放出本が置かれているが、そうでない所では定期的に放出時期を発表するところが多いので、早めに行って見てみるといい。

職場から売れ残りを貰う

働いている店で、売れ残りを拾ったり貰ったりする手もある。

よく知られた手段はコンビニのアルバイトだ。必ずしも貰えるとは限らないが、店長が本部から来ている直営店ではなく、個人経営のコンビニなら、賞味期限が近づいた弁当や総菜を貰える可能性が高まる。

賞味期限の短いパンは売れ残りが出やすく、貰いやすい食べ物のひとつだ。ある小さなパンの製造販売所に勤めていた女性Sさんによると、賞味期限が近づいた様々なパンは職員の控室に置かれた七〇リットルの大きな袋に次々と入れられるようになっていて、そこから欲しい職員が自由に持って帰ることができた。袋に入れられたパンのほとんどはなくなっていたそうだ。大量に作りすぎた時などはゴミ箱に捨てられてしまうが、鍵はかかっていないのでこっそりと持ってくることができた。パンの耳も二日に一回ほど出るので、職員が事前に申し込めば出来次第小さいサイズのレジ袋一杯の量を貰えた。けれども期限切れ間近のパンそのものが貰えるので、あえて耳を貰う人は少なかったという。ちなみに貰い手のないパンの耳は養鶏場の餌になっていたそうだ。

またSさんが以前に働いていた洋菓子を販売するカフェでは、古くなったケーキがショーケースから出されて、休憩中の職員に振る舞われていたという。そのため捨てられるケーキはそれほど多くなかったそうだ。

イタリア料理店で働いていた女性Kさんは、ランチで食べ放題となるパンの残りが毎日出るので、ビニールの袋に入れて持ち帰らせてもらい、友人と分けて食べることも多かった。

食べ物に限らず、物を売ろうとすれば多かれ少なかれ売れ残りは出る。一般客に売る物を扱う店や企業で働いているなら、そこには会社のゴミから拾う、あるいは貰えるチャンスが眠っている。貰えるのは食べ物だけではない。

ある女性が勤めていた石鹼やシャンプーを作る会社では、新商品を出すたびに、店や問屋に保管されていた旧商品の在庫が戻ってきた。それらの何万本、何十万本という数の商品は、社員が使っても使いきれず、捨てられることも多かったという（註1）。

また女性Sさんが一〇年前に働いていた大手ブランドのアパレル企業では、毎年二シーズンごとに巨大な倉庫を埋め尽くす大量の商品が売れ残っていたが、それらを次のシーズンに売ることはなかった。その企業は社員の家族や関係者を集めたファミリーセール会を開き、売れ残った商品を最大で九割程度まで割引して売り払っていた。そこでも残ってしまった物は、横流しができないように厳重に処分していたという。無料ではないものの、それに近い額で貰える例と言えるだろう。

こうした売れ残りのやり取り全般は、「こっそりと」行われるのが常だ。企業や店にとって売れ残りが出たことは知られたくない事実であり、不特定多数の人に呼び掛けても対応しきれないので、公にする意味もない。そのため、「こっそりと」貰えるようにアプローチするのがいいだろう。

ゴミを拾う時の注意

それでは、長年ゴミ拾いを続けている野宿者のAさんから聞いた話を中心に、ゴミを拾う時の注意事項をまとめておこう。

・広げたゴミ袋は必ず元に戻しておく。まわりに散らかさない。
・どこで何が出るかを覚える。
・中が見えないゴミ袋は、まず手で持ってみる。重ければ何かが入っている証拠（ゴミの袋を開けて中を見るだけなら、それを禁止する法律はない）。
・回収車が何時ころ来るのかを覚えておいて、閉店してゴミが出されてから回収されるまでの時間に行く。
・敷地内に置いてあるゴミ、回収車に入れられたゴミは取りに行かない。
・店員に気づかれないようにする。気づかれるくらいなら拾わなくていい。
・野宿者がいつも何人かゴミ出しを待っているところがあるので、そこはやめる。
・チェーン店や大型店ではゴミの管理が厳重だったり、敷地内に置いているところが多いので、個人経営の店の前のほうが拾いやすい。
・皿やガラス製品のように割れやすい物、重い物は拾うのには適さない。
・深夜は音にも気をつける。
・住宅地で拾うなら通勤・通学で人通りが多い朝の時間を避ける。それ以降で回収車が来る前の時間を狙うと楽。
・花見後の公園のゴミ集積所は一年でも最大の狙い目。特に途中で雨が降った時は、飲み残し食べ残しが多く出る。ビールがケースごと捨てられていたこともある。大きな花火大会の後も同様。
・雨の日は、客が少なく売れ残りが多く出るため、店のゴミは狙い目。
・高級住宅地はいいものが出るので、遠出してでも行く価値がある。
・量が多い場合も考えて、大きめのカバンや袋も持っていく。
・年末の大掃除の時期もいいものが出る。
・飲食の出店のある大きなイベントのゴミ置き場には、売れ残りの食べ物が大量に出る。

自治体との問題

家庭や店から出されたゴミが誰のものであるのかについて、ハッキリとした定説があるわけではない。これまでゴミは長らく持ち主のいない「無主物」と考えるのが一般的だった。少なくともゴミを出した人の所有物とは見なされない。問題は市町村などの各自治体である。

近年、古紙をトラックで持ち去る業者が増えたことから、各自治体は強硬な対策を打ち出した。出されたゴミは無主物と見なされただけでなく、資産価値が低いため、持ち帰ったとしても起訴されることはない（これを法律の専門用語で「保護法益が低い」と言う）。つまり、持ち去りを刑事犯として扱うことができない。そこで持ち去りを禁止する条例を設け、資源ゴミを自治体の所有物だと一方的に宣言するようになった。資源ゴミとは、古紙、缶、びん、ペットボトルなどを指し、なかには古布（衣類）も資源ゴミに含めるところもある。資源ゴミとそうでないゴミの境界線は曖昧な場合が多い（註2）。

各自治体では罰則を設けて、トラックで回る古紙持ち去り業者を見つけた時の通報や、持ち去り禁止の用紙をゴミに貼ることなどを住民に呼びかけているところが多い。また東京都杉並区のように巡回パトロールなどを行う自治体もある。

持ち去り業者に対しては、自治体が見つけた回数に応じて警告や禁止命令を出し、それでも行われるようであれば、罰金の規定のある自治体の場合は告発し、裁判を経て罰金が科されるというのがよくある流れだろう。

例えば東京都世田谷区では、区内のごみ集積所に集められた古紙約七〜一二キロをそれぞれ無断でトラックで持ち去ったとして、持ち去り業者の三人を告訴。一審では無罪だったが、控訴審、最高裁では罰金二〇万円の有罪判決となった。こうしたケースは少ないながらも存在する。

ただしすでに書いたとおり、問題とされているのはトラックで地域外から訪れる古紙持ち去り業者であり、多くの自治体は資源ゴミ以外の持ち去りや、業者ではない個人による再利用目的の持ち去りまで、同じように問題視しているわけではない。

食器や電気製品などの資源ゴミでないゴミについては、相変わらず無主物と見なすことはできる。ただしこれについても、所有権を主張し持ち去りを禁止している自治体もあり、もし誰の物か問われる事情があれば、多くの自治体はすべてのゴミの所有権を主張するだろう。自治体に問い合わせたり、発表をよく見る必要はあるが、自治体は自らに有利なことばかり言ってくることも念頭に置いておきたい。

そもそも業者が回収して、多くの場合自治体の外にあるであろう廃棄施設まで運んでいくゴミの所有権を、自治体が強く主張できるのだろうか。そもそも本来自治体が始末しなければならないゴミというやっかいな物を、自主的に有効利用することは悪事と言えない。完全に用途を失うそれらの物たちを「救出」することは価値のある行為だ。

ただし紙ゴミなどプライバシーに関する情報の入った、再利用のしようもないゴミを持ち去るのはやめるべきだ。こういう行為こそ行政は禁止すべきだ。その意味では、紙ゴミも含まれる古紙の持ち去りを禁止するのは、〝結果的に〟合理的だと言えるかもしれない。

同じ理由で、集積所を作らず各家の前にゴミを置く、戸別収集を行っている地域でも、誰のゴミかわかってしまうので持ち去りはやめるべきだ。

都心のゴミ観察レポート

パイ生地、生クリーム、米、肉……

ゴミというのはどのくらい捨てられているものなのだろうか？　前出の長年ゴミ拾いをしてきたAさんと、何度も場所を変えながらゴミを見て回ったので、参考までにここにそのルポを載せておこう。

夜一〇時過ぎ、まずはある商店街を通ってみる。通常、店が閉まってから回収車が来るまでの、午後一一時半から午前二、三時頃が一番の狙い目なのだそうだ。

建ち並ぶ店の前には点々と業務用のゴミ袋が置かれていて、持ってみるとずしりと重いものが入っている袋も多い。菓子屋の前の大きな袋を開けて中を見てみると、まだ原材料の段階のものも含め、菓子が大量に捨てられていた。毎日こうなのだと言う。同じくケーキ屋の前の袋には、大きなパイの生地や生クリームの塊が入っていた。生地はよく丸ごと出るそうだ。毎日大量のスナック類が捨てられているというある店の前には、守衛が立っていたため、見に行くのは控えた。ある丼物のチェーン店の前では、一人前ずつパックされた鍋の具材セットが五〇人前ほど捨てられていたこともある。

Aさんはいつも空き缶を拾いながら回っている。ゴミとして出るものは往々にして量が多く、大きなカバンや袋くらいは必要になることが多い。また大量の食べ物は一人で消費するのが難しいので、分配する方法も考えておいたほうがいい。甘いものなども少量食べるからおいしいのであって、あまり大量にあってもすぐに飽きて嫌になるそうだ。Aさんはよく野宿の仲間の集まりに持っていって、皆で分け合っている。

和食の料理屋があるビルのゴミ集積所には、いつも二時頃に行く。大量に積まれたゴミ袋のなかからいくつかを選んで開けると、いつも出てくるのは大量のネギの青い部分。鍋物に使うには白い部分だけでいいのだろう。そして時には未開封のパックに入ったスライスした肉や冷凍の春巻きが出てきた。唐揚げ、ピザ、いかリングなどの客の食べ残しも混ざっている。

天ぷら屋の前では、袋から大量の炊いた米や揚げ玉が出てきた。けれども、他の生ゴミに混ざってしまうと救出は困難で、これは他の飲食店についても同じだ。飲食店前の青い大きなポリバケツに袋ごと詰め込まれ、紙ゴミなども一緒になってしまった生ゴミは、まだ食べられるものが混ざっていたとしても、もはや手の付けようがない。

ゴミ袋一杯のコンビニ弁当

夜一〇時頃、ある人通りの激しいゴミ置き場の前に、発泡スチロールの丼一杯にラーメンの具材のような鶏肉と野菜の炒め物が、蓋まで閉めて置かれていた。Aさんによると、店の人が拾いやすいように置いてくれたのだろうと言う。なかには敷地内のゴミ置き場への扉の鍵をわざわざ開けておいて、ゴミを拾えるようにしてくれている店主もいるそうだ。まだ食べられるものは拾わせようという風潮も、見えにくいところにあるにはある。

有名なチェーンのカフェの前の大きなポリバケツ型ゴミ箱は重く、何かが入っていることがわかるのだが、残念ながら鍵がかかっていて見ることができない。これは有名ハンバーガーショップやスーパーマーケットにも言えることだが、こうした店はゴミの管理が厳重で、敷地のなかにゴミ置き場を作っていたり、鍵をかけたりしているので、まだ食べられるものが捨てられていても確認できない。

ただしAさんによれば、ゴミが拾えるハンバーガーショップもあるそうで、以前はよくパティ（肉の部分）も大量に出ていたのだが、最近はすっかり減ったそうだ。余ったフライドポテトは仮に大量に出ていても、すぐにパサパサして食べにくくなるので持っていく人もあまりいないという。

コンビニの前は頻繁に通るのだが、ゴミが置かれていることは珍しく、仮に置かれていても中は紙やプラスチックばかりだった。一度だけコンビニの前で深夜に、七〇リットルほどの巨大な袋一杯の弁当や総菜が回収車に放り込まれたのを間近で見た。袋はひとりの人間が抱えきれないほどの大きさだった。Aさんによれば、コンビニからの弁当ゴミもまったく拾えないわけではなく、実際にAさんは時々大量の弁当を拾ってきては仲間に放出している。

ただし欧米に比べると、スーパーやコンビニなどからの食品ゴミに手が届かないだけに、日本では食べ物は非常に拾いづらいと言える。


靴、カメラ、プリンター……


食品ゴミ以外ももちろん見て回る。

ある靴屋の前のいくつかのゴミ袋には、二〇足ものスニーカー、ブーツ、革靴、サンダルな

捨てられていた、まだ履ける靴

どが入っていた。しかしよく見ると新品ではない。Aさんによればそれらは、客が買った靴と交換に脱ぎ捨てていったものだそうだ。それにしてもまだまだ履ける靴ばかりが捨てられているのに驚いた。もちろん新品の靴のゴミも出るし、服の入った業務用のゴミ袋は毎日のように出るそうだ。

店の前だけではなく、マンション前のゴミ集積所にも行ってみる。古めかしいがまだ使える三脚とカメラと未開封のフィルムが置かれているのを見つける。別の場所では、新品に見える鍋のセットが箱に入ったまま捨ててある。プリンターは何度か見かけたが、トナーと一緒に集積所に置いてあった箱入りプリンターはどう見ても新品だった。

食器やコップはよく見かけるので、じきに触ってみることすらしなくなった。カップ麺の麺、天ぷら、かやくなどが一〇〇人分ほど、巨大な袋に入れられていたこともある。

鞄、リュックサック、長靴、サンダル、カーテン、フルフェイスのヘルメット、電動マッサージ器、未使用のレンジ用土鍋、鉢植えの観葉植物なども集積所にポンと置いてある。持っていっていいよという気持ちで置いた人もいるだろう。

雑誌や書籍の束もよく見かけるもののひとつだ。美容室の前にはファッション雑誌が大量に捨ててあった。

集積所に置かれた袋のなかでも重いものを開けてみると、様々な物が出てくる。菓子類、薬用酒、お茶のパックなどは未開封のまま捨ててある。まだ十分に使える化粧品も多い物のひとつだ。そして髭剃り、加湿器など様々な家電製品、まだ使えるフライパンなどの台所用品、新品のニッパーなど大工道具、様々な家庭用品……。人は実に様々な物を使って生きていることをあらためて実感する。開けていない缶チューハイや各種缶詰、オリーブオイル、焼酎の瓶など、腐るわけでもないのになぜこれを捨てるのかと疑問に思うものにも出くわす。

深夜、荷台と運転席まで一杯に古新聞や古雑誌の束を詰め込んだトラックが通り過ぎるのを何回か見かける。これらが自治体に目の敵にされている持ち去り業者らしい。また車でやってきてゴミを持ち帰る一般の人もいれば、それらをフリマに出す人もいるという。拾ったゴミをフリマに出すというルートは存在しているようだが、それもまた有効な物の再利用法だ。

Aさんは空き缶を拾うことで生計を立てている。自治体がゴミの持ち去りを禁止することで、こうした人たちが収入源を失うため、大きな問題になっていることも知っておいたほうがいい。

この章のレクチャー

捨てる問題と拾う人々

食べ物はどの段階で捨てられるか?

これほど「拾う」ことに注目が集まるのは、「捨てる」ものが多すぎるせいでもある。拾うだけではなく、この捨てる問題についても知っておくべきだ。捨てる側はなぜ、どのくらい、どの段階で捨てるのか。それがわかっていれば拾いやすくなるし、そもそも拾うことの重要性が身にしみて感じられる。ではまず、食べ物の捨てられかたを見てみよう。

現在世界で捨てている食べ物は、すべての食料生産の三分の一にものぼってしまう。先進国ではさらにその割合は高く、食料生産の半分を占めるとまで言われているのだから、にわかには信じがたい(註3)。

それでは、それらはどこから捨てられるのか? 畑、食品工場、流通過程、小売店、飲食店、家庭と至る所からゴミとして出ている。畑で捨てられるのは、主に規格に合わない作物だ。やや大きい、やや小さい、形が悪い、色が悪いといった理由で、食べるうえで何の支障もない膨大な野菜や果物が畑や果樹園に残されたり捨てられたりする。こうして収穫されずに捨てられる野菜は、イギリスでは最大で全体の三割に及ぶという

（註4）。食べ物拾いは、畑から始めなければならないのだ。

食べ物を捨てるのは物質的に豊かな先進国の特権のように思えるが、実はそうではない。途上国でも、十分な設備がないことから流通・貯蔵の段階で膨大な食品が廃棄される。国連によれば、途上国と新興国では最大四〇パーセントの食品が最終的に買われる前に腐っているという（註3）。

例えばパキスタンでは、小麦の一二・五パーセントが畑から製粉所に届くまでに失われてしまう。大きな原因は、貯蔵中にカビが生えたり、害虫、害獣に食べられてしまうことだ（註4）。

加工工場から出るパンの耳やパイの切り落とされた生地のような余剰物も、決して軽視できない量になる。この段階での食品ゴミとなると、ある程度手が届くようになる。

そして小売店が捨てるのは、主に売れ残りの商品だ。特に売り切れ状態を作らないために、いつでも棚を一杯にしておくことから、大量の売れ残り品が賞味期限切れとなり廃棄される。売りそこなうよりは、売れ残りを出したほうが儲けが大きいのでこうなっていくのだが、それも儲け優先主義の弊害と言える。売り切れ状態というものを見かけないことの異常さには、もっと多くの人が注目するべきだろう。

飲食店から出るのは客の食べ残しや、仕込みすぎた食材など。飲食店で頼んだものの食べきれなくなってしまった時には、ドギーバッグなどの持ち帰り容器を準備していないか店に聞いてみよう。

そして家庭からは、日本では食品ゴミの半分以上が出ている。家庭での問題は買いすぎだ。イギリスではひとつ買ったらもうひとつおまけにプレゼントという小売り戦略が、買いすぎを助長するとして批判されている。

管理が厳しすぎる日本

日本が捨てている食べ物の量も世界でトップクラスだ。一年に捨てられる二八〇〇万トンのうち、まだ食べられるものは六二〇万トンもある（註5）。この量は日本の米の年間生産量に迫り、世界の食料援助の総量よりも多い。国連食糧農業機関（FAO）は、世界で最悪の食料廃棄地域は日中韓を含めた「産業化されたアジア」地域だと言う。

また日本の農産物の、形や色などに関する出荷規格の厳しさは、世界に類を見ないとも言われる。大きさ、重さ、形、色など様々な規格が事細かに決められているのだが、規格が厳しければそれだけ多くの規格外品が捨てられることになる。自分で野菜を作っていると思い知るが、規格どおりの野菜などそんなにできるものではない。その背後には大量の規格外野菜ができている。こうした規格とは、もともとは工業製品に対して使うものだったはずだ。これも食べ物を、売り買いする商品として扱いすぎてしまった弊害なのだ。

また日本には、三分の一ルールと呼ばれる、食品流通上の独自の商習慣がある。これは、製造日から賞味期限までの期間を三分割して考え、製造されてから小売店に搬入されるまでの期限を最初の三分の一の期間とし、販売できる期限は三分の二までとして、それを過ぎたものは捨てるという暗黙のルールだ。現在では、食品廃棄を増やす原因として見直しが呼びかけられている。

ちなみに流通の途中では、詰めておいた段ボールが破損したなどという理由だけでも食品は捨てられるのだ。厳密さもここまで行くと有害だ。

日本は、世界でも最も多くの食品を最も遠くから運んでいる国であることを思い出そう。膨大なエネルギーを費やして運んだそれらの食品を、大量に捨てている。しかもその原因が、いい加減に管理したせいでダメにしているわけではなく、逆に万一の事故を心配し厳しく管理しすぎるがゆえに、大量の食品を捨てる羽目になっている。いかにもこの国らしい過ちと言えるだろう。

ゴミを救出する人々

こうした食べ物の廃棄に対して、拾ったり再利用して対抗する動きも、特に欧米で盛んになっている。それをやっているのも個人、民間団体、行政、企業と様々だ。

ゴミ箱に捨てられた食べ物を拾う人は、もちろん世界中に存在する。その行為をアメリカではダンプスター・ダイビング、イギリスではスキッピングなどと呼んでいる（註6）。北米では彼らのなかから「フリーガン」と名乗る人々が現れ、その名が今や食品ゴミを拾う人の代名詞にもなっている。フリーガンとは「フリー（無料）」と「ビーガン（完全菜食主義者）」を組み合わせた造語で、本来食品ゴミを回収するだけの人々ではない。最初のフリーガン宣言と言われるパンフレット『WHY FREEGAN?』やフリーガンのサイト（註7）を見れば、反消費主義、反資本主義に端を発した、無料で手に入るもの全般を重んじる人々だ。そんなフリーガンたちがマスメディアでも頻繁に取り上げられる欧米社会は、日本よりは食品ゴミ拾いに寛容な社会と言える。

欧米では食べ物を拾う上での好条件がある。ヨーロッパで行われてきた、収穫し残した農作物や果実を、貧しい人が農園に入ってきて貰っていく「落穂拾い」の伝統もそのひとつだ。落穂拾いとはいっても、落ちた穂だけを拾うのではない。ヨーロッパでは中世から近世にかけて、収穫後の農地や果樹園を、共同体の老人、夫をなくした妻、孤児、病気の人などに開放し、残された農作物を自由に拾わせた。ミレーの有名な絵『落穂拾い』に描かれているのは、その農園で働く人ではなく、その地域の貧しい人たちということになる。

旧約聖書にも、

「あなたがたの土地の収穫を刈り入れるときは、畑の隅々まで刈ってはならない。……またあなたのぶどう畑の実を取り尽くしてはならない。……貧しい者と在留異国人のために、それらを残しておかねばならない」（「レビ記」一九章九～一〇節）（註8）

と書かれている。

現在では一般的には行われなくなってしまったが、それを許している農園には拾う人々が集まる。フランスのように、法律に落穂拾いを認める条項がつい最近まで残っていた国もある（註9）。

アメリカにはボランティアを集めて農園から落穂拾いをして、それを困窮者に届けるという、再分配までを行う団体もある（註10）。

こういう形の落穂拾いは日本にはない発想と言えるが、欧米と同様に収穫の残りは存在している。それらは家畜の餌や畑の肥料になるかもしれない

貧者を描いた、ミレーの『落穂拾い』

が、最も有効な使い方は人が食べることだ。農家の人と知り合いになったら、ぜひ落穂拾いをさせてもらうように頼んでみよう。

拾って貧しい人に回す

食品ゴミは、個人では消費しきれないほど大量に手に入ることもある。そんな時は食べ物がなくて困っている人に回すことができれば、捨てられた物がさらに生きてくる。ただしそのためには、回収だけでなく分配のプロにもなる必要がある。

現在世界各地に広がる〈フード・ノット・ボムズ〉という団体は、売れなくなった野菜・果物、パンなどを食品店や青果市場などから回収し、主に完全菜食（ビーガン）の料理を作り、無料で貧しい人々に配食している。一九八〇年代にアメリカで生まれたこのグループは、欧米だけでなく東南アジアなど世界中に多くの賛同者を生んでいる。彼らが示す一定のやり方に従えば、誰でも〈フード・ノット・ボムズ〉の支部を始めることができる（註11）。

こうした再分配をより大きな組織として行っているのがフードバンクだ。フードバンクは、工場で出た規格外品や包装が破れるなどして流通上で出た廃棄品など、まだ食べられるのに捨てられる食品を企業から払い下げてもらい、福祉施設や支援団体に渡すなどして生活困窮者に届ける活動をしている。一九六〇年代のアメリカに始まり、欧米で特に盛んだが、日本でも各地で少しずつ設立されている。

大阪・釜ヶ崎、東京・山谷と並ぶ日本三大寄せ場のひとつとされる横浜・寿町で、生活困窮者の支援をするNPO〈さなぎ達〉が行う取り組みも難易度が高い。〈さなぎ達〉は困窮者でも利用できる安価な食堂〈さなぎの食堂〉を運営していたが（現在は一時休業中）、そこでローソンの店舗から出る販売期限は過ぎたが賞味期限前の弁当やパン、あるいはローソン工場から出る余剰食材を譲り受けて、食堂で定食の一品などとして提供していた。またフードバンクからも食材の提供を受けていた。このように、その都度入ってくる食材を素早くメニューに加えて提供するのは簡単ではない。定食は十分すぎる量で一食三〇〇円からあった。

廃棄に立ち向かう欧米

欧米では政府や企業でさえ、廃棄食品の有効利用に前向きなのだ。欧州議会では、二〇一四年を反食品廃棄物年と位置づけて、二〇二五年までに食品廃棄を半減させようと決議したほどだ。

フランスでは二〇一六年に、「食品廃棄禁止法」が成立した。これは大型の食料小売店に、まだ食べられる食品の廃棄を禁止し、慈善団体への寄付を義務づけるという画期的なものだ。こうした法律があれば、食品ゴミが拾いやすくなることは間違いない。行政や社会に訴えていく努力も必要なのだ。

また欧米ではスターバックスやテスコといった企業も、売れ残りの寄付に乗り出した。こうした戦略は企業のイメージアップのためにも役立つので、それだけをもってその企業を良心的であると見なすわけにはいかない。けれども、それすらやらない日本の企業に比べればはるかにマシなのだ。

「富の再分配」の「富」は、本来おカネに限られるわけではない。食べ物を貧者に回すことも立派な再分配だ。欧米はその意味で、日本に比べて再分配をする気のある社会と言える。

貧者がゴミを拾うことも、本来は社会が進めるべき再分配なのだと思えば、無用な後ろめたさなど感じずに済む。

すべてのゴミに目を向ける

もちろん食品のゴミだけが捨てられ、拾われているわけではない。食べ物はむしろすでに注目されているので、それ以外のゴミにもっと目を向けたほうがいいと思うほど、他のゴミについては語られない。
服、家庭用品、電気製品、アクセサリーや本などの雑貨等々は、工場、流通、家庭のどの段階で大量に捨てられ、またそれに対してどのような対策を取り、それらが買えなくて困っている人たちに配ればいいのか。それを食品ゴミと同じように社会で検討するべきなのだ。フードバンクだけでなく、服バンク、家庭用品バンクなども必要だ。

出版物を例にとってみよう。書籍が書店から返品される率は三七パーセント、雑誌は四一パーセントだ（註12）。書籍はその後出版社の在庫となり、一部は再出荷されるが、売れ残りは出る。雑誌が再出荷される見込みはさらに薄い。つまり世の中に出回っている雑誌の、実に五冊に二冊以上が、読まれずに捨てられていることになる。毎年多くの新モデルが出る衣料品や飲料など、廃棄率はどれほどだろうか？　それを思うと、ゴミの有効活用もまだ始まったばかりという印象を受ける。

ニューヨークでも東京でも申し合わせたように似たようなやりかたで、野宿者は空き缶などのゴミを拾っている。アジア、ラテンアメリカ、アフリカの巨大ゴミ集積場でのゴミ拾いの風景もよく似ている。もちろん、それしか生きる術がない人がいるのは望ましいことではない。けれどもゴミを拾うという行為のなかに、何か普遍的なものを見出すことはできる。人はゴミを拾う。それはやましいことではなく、人類の知恵なのだ。

（註1）『ゴミ問題　100の知識』　左巻健男他編著、東京書籍、二〇〇四年
（註2）東京都各区市の持ち去り禁止対策については、二〇一二年一〇月時点のものではあるが、以下のHPにまとめが掲載されている。都内では持ち去り禁止の対象品目は、「古紙、びん、缶、その他」、罰則は「二〇万円以下の罰金」としている自治体が多い。
都内区市持ち去り条例（東京都資源回収事業協同組合）
http://www.toushikyo.or.jp/jyorei.html
（註3）『さらば、食料廃棄―捨てない挑戦』　V・トゥルン他、春秋社、二〇一三年
（註4）『世界の食料ムダ捨て事情』　T・スチュアート、NHK出版、二〇一〇年
（註5）二〇一四年度の数字。環境省と農林水産省の推計による。
（註6）「ダンプスター」とはアメリカで巨大なゴミ箱のこと。イギリスでの「スキップ」も同じ。
（註7）〈Freegan.info〉というサイト。『WHY FREEGAN?』はこのサイトに全文掲載されていて、〝アゲインスト・ミー！〟というパンクバンドのドラマーだったウォーレン・オークスによって書かれたもの。サイトによれば、二〇〇〇年に発行された。
（註8）『聖書（旧約）』　日本聖書刊行会、一九七四年
（註9）フランスの様々な落穂拾いについてのドキュメンタリー映画『落穂拾い』

（A・ヴァルダ監督、二〇〇〇年）でも紹介されている。

（註10）〈MAGNET〉（＝Mid-Atlantic Gleaning Network）という団体で、ネット上のサイトに詳細が載っている。

（註11）「フード・ノット・ボムズの支部を始める七つのステップ」がサイトに掲載されている。

（註12）『二〇一七年度版　出版指標年報』全国出版協会・出版科学研究所、全国出版協会、二〇一七年

第四章
稼ぐ

元手0円で誰にでもできる

もうひとつの経済を作る

この章では、元手が0円かそれに近い額でできる稼ぎ方を紹介する。「稼ぐ」というのは、0円で暮らすというこの本の主旨からは外れるのではないかと思われるだろう。確かにこの章は例外と言える。しかし本書が目指すのは自分たちなりのもうひとつの経済を作ることなので、それに大きく貢献するいくつかの稼ぎ方を外すわけにはいかなかった。

不要品の無料放出市にもフリーマーケットにも参加している身としては、一方は無料でもう一方は微々たるお金を貰うとはいえ、両者に決定的な隔たりを感じない。フリマでも無料のコーナーを作っている人をよく見かける。お金を使わないことに特別の意義があるのは本書でも強調しているとおりだが、多少のお金を使っただけで台無しになるなどとは考えていない。

そして、稼ぐ方法ならそれこそ無数にあるのだが、ここで紹介するのはあくまでも自分たちの経済を作ることに貢献する方法だ。

第一の条件はもちろん、元手がほとんどかからず、誰にでも始めやすいこと。そして、大きな組織に使われるのではなく自主的であること、地域に貢献できることなども条件だ。こうした稼ぎ方は、今ある大規模な経済に対抗する力にもなる。

ネット販売などは取り上げない。確かに多く稼ぐことを最優先させねばならないなら、フリマよりはアマゾン、ヤフオク、ネットショップ、メルカリなどを利用した方がいいだろう。けれども皆が出会うことも集まることもなくネット販売に熱心になっている社会は、それほど魅力的ではないし、安い中古品を一品一品遠方にまで宅配するのも無駄が多い。

そうした条件に合う方法のなかで最も簡単なのは、人通りの多い路上にシートを広げて、持っている物を売ることだろう。けれどもこれらは理不尽ながら法律で許可が必要とされている。カンパ箱を置いてパフォーマンスをするのも同じく簡単だが、こちらは根拠がよりあやふやながら、やはり許可が必要とされる。そしてこうした許可は、単に個人が申請してもなかなか下りないのだ。

もちろんそれらも通行の邪魔にならないようにやるのなら、即座に止められるようなことはない。しかし以下には、もっと安全にできる方法を紹介しよう。

フリマで売ってみる

フリーマーケットに出店するのは、最も初歩的な方法だ。自分でもいらなくなった本やＣＤを持って頻繁に出店している。

　出店に必要なものは、売り物とシート、そして値段を書いた札やボード程度だ。どんな客層のフリマかを考えて売る品を選び、出店料との兼ね合いで値段を決めるといい。出店料は地域の小さなフリマなら一〇〇〇円程度が標準で、五〇〇円なら安いほうと言える。

　大事なのはフリマのタイプを選ぶことだ。自分がこれまでに出店してきて一度だけ、売り上げがゼロ円、つまり一点も売れなかったフリマがあった。それは地域に根差した、母親と子どもばかりの主婦系のフリマだった。そこで人気があるのは服、食器などの家庭用品と子ども用品であり、自分が出しているような古本やＣＤは手に取ってくれる人すらほとんどいなかった。このような郊外の地域に根差したフリマは、自分の経験では大方がこうした主婦系だった。こうしたフリマでは家庭用品や服を出しても、同じような商品構成の出店者があまりにも多く、今度は埋

若者が多い高円寺の〈北中夜市〉

もれてしまうところが難しい。

　都心の商店街で行われるフリマとなると、かなり様子が変わってくる。例えば高円寺の商店街が主催する〈北中夜市〉のフリマでは、訪れるのは若者や中年男性が多く、古本やCDは手に取ってもらいやすい。土地柄か音楽系の古雑誌は特に評判がよかった。一点一〇〇円程度と値段を安くしていたこともあり、開催時間の四時間で大体一〇～三〇点くらいは売れていた。しかも、もともと安い出店料を友人と共同出店して割り勘にしていたため、電車賃をかけて行っても赤字の心配がそれほどなかった。

〈フリマガイド〉〈フリマ情報サイト〉といったサイトには、全国のフリマの開催・出店募集情報が載っていて、好みのフリマを探すことができる。

　それでは出店料と交通費はいくらくらいまでかけられるのか。特に新しくも珍しくもない古本や中古CDを、よく目にする売値であるひとつ一〇〇円で売るとして計算してみよう。出店料が一〇〇〇円、交通費が往復で五〇〇円なら、一日一五冊は売らなければ赤字になる。こうした品が一五点売れたのなら、なかなか順調な売れ行きと言えるが、それでも儲けはゼロなのだ。単価の安い物は売っても大した金額にはならず、出店料・交通費をできる限り少なめに抑えることが必要になる。出店料を割り勘にするのはいい作戦だ。

フリマの主催は楽じゃない

　またフリマは、公園などの公共の場を使って、自分で開くこともできる。ただし自治体によって無料で貸してくれたり、一平方メートルあたり三〇円などと使用料を取ったりと条件は様々だ。営利のイベントと見なしてほとんど許可していない自治体もある。都立公園を管理する東京都の場合は、可能なのがいくつかの公園に限定されていて、理不尽なことに主催団体にもフリマの開催実績があること、自治体や国の後援が付いていることが要求される。まずは電話で問い合わせてみよう。

　Iさんは東京のとある区の中規模の公園で三回フリマを開催した。この区では区の方針にかなう団体ならフリマを開催できることになっているが、区の後援をつける必要がある。そこで団体の事業実績などの書類を提出させられたが、ここが事実上の審査になって手こずった。Iさんは団体名を考え、自らの活動歴を書いて提出して、知り合いの区議に話し合いに同行までしてもらって、なんとか許可を得ることができた。

　また公園を借りるのは無料だが営利のイベントであってはならないので、主催者も出店者も利益を出さないように言われた（ただし、利益分はＮＧＯなどに寄付することにすればＯＫだった）。終了後は領収書のコピーも付けて会計報告を出し、利益が出なかったことを示さねばならない。Ｉさんは収支の帳尻を合わせて、利益をちょうどゼロにして提出した。

そして二度目からは簡単に行くかと思えば、今度は一回目のチラシに政治的なことを書いたことを問題視され、さらに難しくなった。個人の身辺情報もネットで調べられ、一回目の問題点も指摘されたが、なんとか許可を得た。政治的なことをうたったものはダメなのだと感じた。

ただ手続きが面倒ではあったが、最終的にはいずれも許可が下り、主催者の食べ物出店も許された。フリマはダメ、開催実績が必要などと門前払いしてくる自治体よりはマシだったと言える。ただこの例を見れば、門前払いで諦めずに申請をしてみる価値はありそうだ。

やりやすい「イベント出店」

食べ物、自作の雑貨、古本など、何か売れる物をひととおり持ったなら、個人や自治体が企画する「○○市《いち》」「××祭り」「△△マルシェ」といったイベントに出店するのは、最もやりやすい方法だ。フリーマーケットも市なのでフリマ出店も同じことなのだが、こうしたイベントでは出品のレベルも出店料も高くなる。この段階になれば、自分の店に名前を付けて覚えてもらってもいいだろう。

出店者を募集している市やイベントは、ネットや口コミで探してみよう。〈軒先新聞〉〈出店イベント情報（Facebook）〉などのサイトが情報を掲載しているほか、「出店募集　○○（地名）」といったワードでネット検索をして探すこともできる。けれども、いい出店先を見つけるには、何よりも口コミが頼りになる。同業者にはこうした情報に詳しい人がいるので、イベント出店した時に他の出店者に聞いてみよう。

参考までに、ある巨大な花火大会に、縁あって飲み物を売る店を出した時の収支を書いておこう。売ったのは缶ビール、缶酎ハイなどで、一本当たり二〇〇円程度の利益が出るように値段を決めた。出店場所がよかったので花火が始まる前の三〇分ほどはまさに飛ぶように売れ、大変な利益が出ただろうと思っていた。結局一四〇本ほど売れたのだが、売り上げの二五パーセントの出店料と、ゴミ処理費五〇〇〇円を主催者に支払うと、残ったのは七〇〇〇円ほど。テントの設置や運搬作業などもあったため、出店メンバーは四人。丸一日以上働いて、一人あたり二〇〇〇円の儲けにもならなかったわけだ。これだけ売れてもこうなのだから、イベント出店で稼ぐのは大変だと思った。

また自作の雑誌・同人誌を売りたい場合は、東京で開かれる〈コミックマーケット〉を筆頭に、まさに多種多様な同人誌即売会が全国に広がっている。これほど大規模に自主市が開かれているジャンルは、他にないのではないか？　ちなみに〈コミケ〉に参加するには、サークル参加費八〇〇〇円に加えて申込書セットの料金などがかかる。

ケータリングも元手いらず

小規模のイベントやホームパーティーなどに食べ物を提供する「ケータリング」も、元手のいらない稼ぎ方のひとつだ。

ただし出店でもケータリングでも自作の食べ物を売るためには、前日は仕込みに追われることになる。つまり一度の販売で、二日分の労働に見合う額を稼ぐ必要があるわけだ。

Yさんは〈Loca☆Kitchen〉の名前で、ケータリングやイベントへの食べ物出店を行っている。完全菜食（ビーガン）のお弁当や軽食などの注文を受けている。つながりのある大学の学習会などから頼まれることが多いが、イベント出店などで知り合いを作っていると注文につながりやすいそうだ。

多い月には一七万円もの利益があったが、それでもこの仕事を続けるのは大変だと感じていた。注文を受ければ、まず相手の好みや集まりの性格に応じてメニューを考え、材料を買い、作り、詰める。もちろん当日は運んで提供するので、二、三日はかかる仕事になる。一人分一〇〇〇円で一〇人分の注文が来たとしても一万円にしかならず、労働にはあまり見合わない。収入も不安定であてにならないのだが、毎日注文が入ればいいのかというと、今度は寝る時間がなくなってしまう。それでも、食べ物を通して人とつながる仕事にはやり甲斐を感じる。現在は高円寺に同名の店を持つが、ケータリングはそのまま続けているという。

「移動屋台」は出店場所が決め手

様々な手段で場所を移しながら売る移動販売というやり方もある。大きなイベントで食べ物を売っているキッチンカーはその代表だ。そうした車は最も安い中古車でも五〇万円程度はかかってしまうが、軽トラックの荷台に食べ物に限らず、花の苗、本、雑貨などを載せて売っている人もいる。

自転車の荷台やリヤカーを使っての移動販売は、さらに元手が少なくて済む。リヤカーでの豆腐の引き売りは、日本の町の名物だったのだ。

移動販売の最大の問題は、出店する場所だ。この場合もやはり、○○祭り、××フェスといった野外イベントに出店するのが、出店料がかかるとはいえ一番簡単なやり方だ。日常的な活動では、公道に出店するのは法の規制やテキヤの縄張りがあって難しい。やはり狙い目は私有地、特に協力してくれる店の店先や空いている駐車スペースなどになるだろう。店側としても集客の相乗効果が期待できるので、出店が迷惑になるとは限らない。けれども周囲の飲食店などからは商売敵と見られるかもしれないので、十分に気を配っておこう。出店場所が決まっているなら、ブログやSNSを利用して告知したほうがいい。〈軒先ビジネス〉のように、移動販売向けスペースを募って紹介しているサイトもある。

具体的な例を見てみよう。東京・小金井市のコーヒー屋台〈出茶屋《でちゃや》〉は、すでに一〇年以上も続いていて、運営者はこれで家賃を含めた生活費を賄っているという成功例だ。通常の出店場所は市内のお店の店先と、二軒の民家の庭である。それらの民家も教室や物販、イベントなどを行っているという得難い場所だ。これまでにもいくつかの店先で出店してきたが、こうした場所のほとんどは地域のつながりで知り合って話をも

10年以上続くコーヒー屋台〈出茶屋〉

らったものだという。料金も非常に安い額でやらせてもらっているそうだ。また、仲間と立ち上げた月一回の地域の市にも出店している。私有地ばかりではなく、市内の大きな公園にも許可を得て出店していた時期もある。現在は条件が厳しくなってしまったため、出店できなくなってしまったそうだ。

ちなみに来客は一〇人と少なめの日もあり三〇人と多めの日もあり、お祭りなどでは一〇〇人にもなる。常連のお客さんが多く、目立たない出店場所でもそれほどのデメリットにはならない。古民家の庭に並べられたたくさんの椅子に座ったお客さんが、コーヒーを飲みながら皆で話をしているなかにいると、古き良き昭和の時代にタイムスリップしたような気分だ。いずれにせよ、地域に受け入れられることが決定的に重要であるようだ。

公道から屋台が消えた

〈出茶屋〉も公道には出店しないそうだが、すでに書いたとおり現在では公道上での商売は許可制になっていて、しかも許可を得るのはなかなか難しい。公道の利用について規定した道路交通法七七条の三項には、次のように書かれている。

第七七条　次の各号のいずれかに該当する者は、それぞれ当該各号に掲げる行為について当該行為に係る場所を管轄する警察署長の許可を受けなければならない。
三　場所を移動しないで、道路に露店、屋台店その他これらに類する店を出そうとする者

リヤカーを使った豆腐の引き売りが問題にならないのは、「場所を移動」しているのでこれに当てはまらないからだ。駅前などで『ビッグイシュー』というホームレス自立支援の雑誌を、立って売っている人を見た人も多いだろう。あれらの販売人もホームレスなのだが、彼らも立って移動しながら売っているのでＯＫなのだ。つまり移動しながら売るなら、公道でも許可は必要ない。

日本で屋台が最も盛んだったのは、わずか七〇年ほど前の戦後闇市の時期だろう。しかしそれも六〇年代には、自動車の数が増えて車道を広げたため歩道が狭くなり、屋台が交通の邪魔になると見なされたこと、そしてヤクザの資金源になることなどから、公共の場での商売は許可制になってしまった。屋台が増えたせいで、社会に大混乱が生じたわけではない。

東南アジアなどでは人通りの多い公道の脇には屋台や露店が立ち並び、街を活気づけている。こうした屋台の集まりである「市」は、大切な観光名所でもある。一方西洋社

会でも公道は、飲食店の椅子を並べたオープンカフェという形で商売に使われている。「公共の場だからこそ市民のために使わなければならない」という考えがあるためだ。

日本では路上での活動を規制しすぎて街に賑わいがなくなってしまったため、近年は行政が管理するマルシェ（市場）を出すなど、公共の場所の商業利用を進める動きが出ている。人間の基本的な営みである「物売り」や「市」を安易な理由で一掃などしていいわけがないのだ。

日替わり店長になる

自分ひとりで店を運営しようとすれば、資金も労力もかかるのでそう簡単に始められるものではない。けれども週一回、あるいは二週に一回程度であれば、引き受けることはできる。こうした仕組みで回している「日替わり店長の店」はたくさんあり、店長を募集しているところも多い。こうした店に参加するのもハードルの低い稼ぎ方だ。

料金は日割りで一日四〇〇〇円などと決まっている場合が多いが、売り上げの何パーセントと決まっているところもある。

自分も何度か友人と共同で日替わり店長をやったことがある。ただし自分には、お金を貰って人に食べさせるような料理は作れない。自分が出していたのは飲み物だった。

これならソーダ割り、ロックなど、お酒の割り方を知っていればある程度はできる。しかも買ってきた焼酎やワインやジュースなどを、一杯五〇〇円といった値段を付けて出せばいいのだから、稼げる金額は大きくなる。これを知った時には、飲み物を売る商売を見る目が変わったものだ。

自分が参加したのは東京・高円寺にある日替わり店長の店〈なんとかＢＡＲ〉。高円寺を中心とする自由人たちのムーブメントである〈素人の乱〉の一店舗だ。このバーでは主に二週間に一回の割合で店長を回していて、各日のメニューも音楽もバーの名前もすべて一日店長に任されている。何よりも高度な技術が要求されたり、失敗が許されないような空気がないので、気軽にできるという他には代えがたい利点がある。

そして東京・中野にある〈ウナ・カメラ・リーベラ〉も、一〇年以上も続いている日替わり店長のカフェだ。しかも古いマンションの一階の一室を利用しているため、〝店内〟はいくつかの部屋に分かれた普通の住まいのようだ。そこへ庭先から靴を脱いで上がっていく。店の雰囲気もアットホームで、よそのお宅でご飯をご馳走になっているような気分になる。

また日替わりではないが、似たような店の利用のしかたとして、店が休みの時間を借りるという手もある。つまり、昼が休みならランチタイムに、土日が休みなら週末にカフェやバーをやらせてもらうのだ。店主も利用料を取れるのだから、双方にメリットがある。

さらに店が開いている時間に、店の一角を利用して物販などをやらせてもらう人もいる。

自宅を店にする

家がある場合に限られるやり方だが、庭先など自宅の一角で物を売ったり、あるいは自宅でカフェを開いたりする人も増えている。

まず中古品や自作の手芸品などで売りたい物がある人は、自宅の玄関口や庭先に台を置くかシートを敷き、値段を書いた商品を並べる。店番ができない場合は、お金を入れる箱を置いておく。こうした売り方は「ガレージセール」と呼ばれ、アメリカなどではよく行われている。日本でも、値段の書かれた手芸品などを玄関口に並べ、お金を入れる箱が添えてある光景を目にすることはよくある。もちろん「ご自由にお持ちください」と書いて不要品を放出してもいい。

また広く出品を募って庭先で売っているケースもある。こうした物売りはもちろん毎日やる必要はなく、週一回日曜のみでも、あるいは一回限りの市でもいい。

いずれにしても大事なのは、ＳＮＳであれ、近所の人たちに見てもらうチラシであれ、告知をきちんとしておくことだ。

マッサージや占い、ヒーリングなど何かの特技を持っているなら、自宅の一室をサロンにして、それを行うこともできる（これらは相手の家に出張してやってもいい）。同じように料理、英会話、工芸、絵など何かを教えることができる場合は、自宅で教室を開く人も多い。

そしてさらにハードルは高くなるが、今最も人気があるのは、自宅でカフェや雑貨店を開くやり方だ。ただ飲食店をやるなら、食品衛生責任者の資格と保健所の営業許可が必要になる。面倒なのは後者だ。この際に、洗い場は自宅用と店用の二つが必要（店用はシンクが二つ必要で、ひとつしかない場合は食器洗浄機を置く）、従業員用とトイレに専用の手洗い場が必要など様々な条件が課され、ある程度の改装費がかかってしまうことがある。

さらに繰り返し人がやってくる店にするためには、食器、椅子・テーブルなどそれなりの設備も必要になる。なるべく資金0円でできる稼ぎ方という本章の主旨からは、外れてくるかもしれない。

では、普通の個人の家を店だと言って開店したところで、客は来るのだろうか？

知り合いのご夫婦が、東京の日野市の自宅でカフェ兼レストラン〈カフェ花豆〉を始

自宅を店にした〈カフェ花豆〉の入口

めた。駅から歩いて一〇分、家屋も庭も広く、しかも奥さんはその前にもカフェを営んでいて腕がいいという好条件が揃っていた。けれども家があるのは閑静な住宅地で、客は当然ながら門をくぐって玄関から靴を脱いで上がる。当初は自分も、「さすがに抵抗があって、客があまり来ないのではないか?」と思っていた。しかし開店してから三年目になるが、営業日の土日の来客は大体二〇～三〇人もあり、しかもますます増えている。遠方から噂を聞いてやって来る人もいるそうだ。宣伝はチラシや知り合いへのDM、ツイッター程度で、あとは口コミで勝手に広まっているという。ここの場合は普通の家であることが、かえって人を引き付ける効果を生んでいるようだ。ちなみに開業に際しては、洗い場を作り足すなどある程度の改装工事が必要になったという。

確かに簡単ではないのだが、うまくいっている人も多いのだ。

市《いち》とお金と資本主義

お金を使うのが悪いのか？

お金中心の経済の害はいたるところに表れている。お金を使うことが悪いのだと言う人もいるし、お金を使って何が悪いのかと言う人もいる。どちらの言い分にも一理あるので、どう解釈すればいいのかが難しい。こうした問題は丁寧に見て、はっきりさせたほうがいい。

もちろんお金を使わないことには、計り知れないメリットがある。まえがきにも書いたとおり我々の暮らしは、基本的な衣食住に関することまでお金を払って他の人にやってもらうばかりで、自分では生きるうえで必要なことがほとんどできなくなった。お金を使わないことで、かつての社会にあった様々な生きる営みや必要なつながりなどを取り戻すことができるだろう。したがって、お金を使うのと使わないのとではまるで違うと考えるのは十二分に理がある。

けれども、単にお金を使うことそのものが悪いことだとは感じられない。「市《いち》」や「市場《いちば》」という言葉には、文字は同じでも、株式市場などの「市場《しじょう》」とは違う健全さを感じる人も多いだろう。市《いち》や地域の商店街でのやり取りは、お金を使う活動でありながらむしろ、社会に満ちたお金の弊害に対抗する力になっている。

資本主義とは、お金儲けを最優先する経済体制で、それが貧富の格差や環境破壊、過剰消費など様々な問題を生んでいる。企業側が自らの取り分を少しでも多くしようとするから、働く人に分配するお金が減る。同じく儲けのためには、天然資源の浪費もゴミのまき散らしも厭わないので、環境破壊が進んだのだ。お金を使うことでなく、このお金儲け至上主義が悪いのではないか。つまり、①お金を使わないやり取り（現物経済）、②お金を使うやり取り（貨幣経済）、そして③お金儲け主義（資本主義）の三つを考えるなら、根本的な違いは①と②の間ではなく、②と③の間にあるのではないか？

これらの違いを知っておくことは、現在の経済の弊害にどう立ち向かえばいいか考えるうえで欠かせない。ここでは、①→②→③と移行する市《いち》とお金（貨幣）の歴史を追いながら、三者の違いを見ていこう。またこうした歴史については、はっきりとした定説があるわけではないこともあらかじめ断っておく（註1）。

市《いち》の始まり

ではまず、市はどのようにしてできたのか？

人間は互いに必要な物やサービスを交換する生き物だ。もちろん今も、我々は日々この交換を行っている。人間の経済の形には、互酬、再分配、そして市場《しじょう》交換の三つがあると書いてきた。ここで挙げた様々なお金を稼ぐ活動は、三つめの市場交換に関係している。そして市場交換は長らく、経済全体のなかに占める役割も補助的なものにすぎなかった。

交換の始まりは太古の部族と部族など、共同体の間で行われる遠距離の交易だった。特に海岸線が入り組み、山地が多い日本では、山の人々と海の人々が採れたものを交換しあうことが著しかっただろうと推測されている。近隣ではなく、こうした遠方とのやり取りから市が生まれていったというのが、現在有力とされている説だ。

多くの場合、遠距離交易の市は共同体の周縁部分に立てられた。物を運んできた人々が必ず足を止める港のような場所や、陸路の長距離移動の二つのルートが交わる地点がよく選ばれた。

それとは起源は別だが、農家などで余剰生産物が出た場合に売る、地域内での市も始まる。人がよく集まる場所が選ばれ、農産物に限らず、衣類、工芸品など様々な日用品が扱われた。こちらのほうが我々のイメージする市に近い。

市の起源にもいくつかあるように、その発達していくパターンも一通りではない。市は何日ごと、何カ月ごと、一年に何回といった回数、場所、時間を決めて立てられたが、取引が盛んになれば、より頻繁に、毎日行われるようになったものもある。露店や屋台などの集まりだったものが建物のなかに入ったり、あるいは少しずつ常設の店になっていく場合もあった。そして商人たちが定住するようになり、市の周りに都市ができることもあれば、同じ種類の物を扱う商人が集まって、ひとつの町を作ることもあった。

市は店が発達するにつれて衰退したが、それでも店と併存して定期市が続くこともあり、それは今でも変わらない。

さらに時代を下れば、一九世紀半ばには欧米で百貨店が生まれ、第二次大戦後にはスーパーマーケットが普及する。こうした作り手はもちろん、時には売り手すら見えない店は、それまでの市と同じものとは言いがたい。

またこうした市場は、日常的な決まり事からある程度解放された場所でもあった。人々が多く集まるため、大道芸のような見世物や処刑なども行われ、売り手の呼び声が響く、ある種の興奮を味わうお祭りのような空間ともなった。

例えば一九世紀イランのある都市の市には、語り物師、吟遊詩人、軽業師、曲芸人、道化者、レスラーなどが訪れて芸を披露していたという。日本の平城京や平安京の市でも、処刑や僧侶の辻説法が行われていた。権力者も外部に開かれた自由な空間である市場を、特別なルールで管理しようとした。

このように市とは、交換という人間にとって欠かせない活動の基本となる場であると同時に、生きるうえで重要な文化や風俗も兼ね備えていた。だからこそ我々はスーパーマーケットやコンビニだけでは飽き足らず、多少効率が悪くても「市を立てる」ことをやめないのだ。

お金は物々交換から生まれたのか？

それでは問題の「お金」はどんなふうに生まれたのだろうか？　これについては、ますます本当のところがわかっていない。

すでに〝常識〟となっているのは、個人どうしが物と物を直接交換しているうちに、その不便さを解消するために、その間を取り持つお金が生まれたという説だ。まずは売りたい物を、米のように誰でも欲しがり、かつ日持ちするものと一旦交換しておく方法が選ばれ、それを多くの人が行うようになると、その物が「物品貨幣」と呼ばれるお金の一種となった。そしてこれらが、コインのような鋳造貨幣へと変わったという。この説を我々は当然のこととして教わる。

けれどもこれは推測に基づいた話でしかなく、現実にはお金誕生以前の物々交換の社会などというものは、一切見つかっていない。仮に物々交換があったとしても、それはよそ者どうしの間でしか行われていない。しかも物々交換が成立するためには、こちらが欲しいものを持っている相手が、たまたまこちらの持っている物を欲しがっていなければならず、そんなことは偶然にしか起こらない。こうしたことが、物々交換の社会はなかったという説に説得力を与えている（註2）。

では物々交換でないなら何が行われたのか？　それは貸し借りだったとする説が有力だ。つまりその場での決済は行われず、別の物で返してもいいので、人々は「つけ払い」をしていたというわけだ。そうなるとこの貸し借りとは、時間差のある物々交換と言うことができるし、贈与・返礼にもかぎりなく近づく。こちらのほうが実際にありそうな話だ。そしてこちらの説によれば、貸し借りの管理には何かの尺度や証があったほうが便利なので、そこにお金の起源や本質を見ることになる。

真相はまだわからない。けれどもいずれにせよ、貨幣はこうしたやり取りのなかから生まれた。日本では少なくとも八世紀には、和同開珎《わどうかいちん》というコインが使われていたが、今ではそれより古い貨幣も見つかっている。世界最古のコインはというと、紀元前七世紀に登場したことになっている。

けれどもお金が生まれれば、必ずお金儲け主義（資本主義）の社会に一直線に向かうわけではない。日本で和同開珎が作られた後コインは廃れてしまい、一一世紀から一三世紀まで米・絹による交換のほうが主流となってしまうのだ。

また都市部でお金がよく使われるようになっても、社会全体がその原理に覆われてしまうようなことはなかった。日本の江戸時代の農村部ではお金が浸透し、特産品などの商品の生産が盛んになったことばかりが強調されるが、それでもなお自給自足と現物経済が主流であり続けたのだ。もちろん税（年貢）も現物で納めるのが基本だった。

つまりお金は、その後に成立する資本主義社会に欠かせないものであっても、それが登場すれば必ず資本主義社会になるといったものではないのだ。

「市場もしくは貨幣の有無は、必ずしも未開社会の経済システムに影響を与えるものではない。この事実は、一九世紀の神話を、すなわち貨幣とは、その出現が市場を創出し、分業のピッチを無理やり高め、人間が本来的にもっている取引・交易・交換性向を開放することによって、不可避的に社会を転換させるような発明であった、という言説をくつがえすものである」（K・ポランニー）（註3）。

資本主義誕生の前と後

こうしたお金を便利な道具として使う経済は、どのようにお金を増やすことそのものが目的の資本主義経済に変わっていったのだろうか？

資本主義がいつ生まれたかは、その定義によって違ってくるので一概には言えない。そこでまずは、本書での「資本主義」という言葉の定義をしておかねばならない。

資本とは一般的にはお金のことだが、単に物を買うだけでは、そのお金は資本とは呼ばれない。そのお金を元手にして、商売や金貸しや生産を行い、物が売れるなどして元手にしたお金が少し増えて戻ってきた時に、そのお金は資本として使われたことになる。その少し増えた分が「儲け」だ。

こうした、儲けを至上の目的とした経済活動が全体に行き渡った社会を資本主義社会という。その意味では、金儲け至上主義の人ははるか昔から、至る所に存在していただろう。売り買いの対象とされる物は商品と呼ばれるが、商品経済や貨幣経済が進むにつれて、このお金儲け至上主義は広まってくる。

そして歴史的には、社会のそうでない部分が例外的と言えるほどになった産業革命以降の社会が、資本主義の社会と見なされている。産業革命は一八世紀からヨーロッパに始まりその後世界中に広がっていったので、この見方によれば資本主義もこの時期以降に世界に広まったと見なすことができる。

日本は、明治が始まる一九世紀後半から資本主義社会となったと言える。現物経済と自給自足が暮らしの基本だった農村でも、明治になってお金で税を納めるようになり、その重要性は格段に増した。もちろん現在も自給的な暮らしを送る農家は存在するが、それが例外的なものと言えるようになったのだ。

資本主義の社会では、生産はかつてのように自らが使うためではなく、その物を売ってお金を儲けるために行われる。したがって作るべきものは、よく売れる物へと大きく変わっていった。

さらにここにおいては、本来商品ではありえなかったものまでが商品となる。産業革命までにヨーロッパでは、労働力や土地、そしてお金そのものまでが売り買いの対象となってしまった。こういうものまでが商品になることが、資本主義の社会の特徴とされる。

今の社会では大方の人が労働力を商品として売り、必要とするもののほぼすべてを商品として買っている。この「賃労働と消費」こそが、我々の生きる営みの中心となったのだ。今我々が当たり前と思っているこの生き方は、資本主義社会の産物だ。

かつてお金は、物と物の交換を便利にするための道具だったが、ここでは交換される物たちが背景に退き、お金が前面に出てくる。

そして我々は、貨幣経済が生まれてから資本主義経済に変わるまでの、何世紀もの時間の隔たりに注目しなければならない。両者はイコールではない。資本主義の社会は最近になって生まれたもので、それまでお金を使っていたからといっても、こんなことをずっと続けてきたわけではないのだ。

市としての〈コミケ〉

市《いち》はここまで高度な商品経済が行き渡った今でも、相変わらず魅力的である。日本各地の朝市はどんなに店が発達しても残り、観光名物になっている。我々は飽くことなくフリーマーケットや自主市を開催し、アメリカなどの先進国では農家の直売所であるファーマーズマーケットがますます人気を得ている。

日本の〈コミックマーケット〉は、その最もわかりやすい例だ。〈コミケ〉は毎年夏と冬の二度行われ、夏には三日間で延べ六〇万人近くを動員するという、途方もない規模の同人誌の即売会だ。しかも基本的には、作った人が直接売るという古き良き市の形を、これほどの規模になった今も崩していないところが興味深い。

会場には東京ビッグサイト内の体育館のような巨大なホールが多数使われるが、会場の隅々までが小さな机で埋め尽くされ、それらの一スペースごとに、作った人が物を並べて買う人を待っている。どれだけ大規模になっても、作った人と買う人が出会う楽しさ、売る楽しさ、買う楽しさを守り続けている。主催者が買う人も売る人も、ともに参加者と呼び、販売でなく頒布という表現を使うのも、お金儲けよりも市の本来の喜びを大事にしているからではないだろうか。コスチュームプレイヤーが集って賑わうところまで、まさに古くからの市の空気をにじませている。

こうした市や小さな店は、物のやり取りを通して、資本主義の社会が効率が悪いと切り捨てた良き習慣を蘇らせる。その弊害に対抗する力になる。肝心なのは贈与経済であれ市の経済であれ、お金儲けが得意な勢力に奪われたこの世界から、自分たちの世界を取り戻すことだ。

(註1) 主要な部分は、経済人類学者カール・ポランニーの説をもとにしている。

(註2)『負債論』(D・グレーバー、以文社、二〇一六年)、他を参考にした。続く貸し借りの説についても、本書を主に参考にした。

(註3)『大転換(新訳)』カール・ポランニー、東洋経済新報社、二〇〇九年

第五章

助け合う

一緒にやれば負担が減る

二人以上でやることはすべて「助け合い」

物をやり取りするように、我々は互いに「力」を貸したり返したり、「力」を合わせたりすることができる。こうすることで、お金がなくても簡単に、ひとりではできなかったことを実現できる。こうした助け合いは、自分たちの経済を作るうえで不可欠なものだ。

後に詳しく書くが、我々の社会は、かつての共同体にあった適度なサイズの助け合いの関係を失ってしまった。個人は企業のような巨大すぎる相互扶助関係の中に埋もれているか、あるいはまったく孤立している場合が多い。一〇人二〇人程度の人が集まらないとできないような作業を気軽に行うのは、非常に難しくなった。その分、人が必要なありとあらゆる場面で、我々はお金を払って業者に依頼している。資本主義の社会では、お金と便利がある代わりに人とのちょうどいい付きあいは薄れてしまった。

助け合いなどと大上段に構えなくても、人は常に他の人と出会うことで助け合っている。例えば、孤独感に苛まれて誰かと会話をしたい人が二人いたとする。その二人が出会うだけで、どちらかが相手のために尽くすわけでもなく、一挙にギブ・アンド・テイクの関係が成立し、双方の欲求は満たされる。これが最も単純な助け合いの例だ。

これは旅行や食事など、どこかへ連れ立っていく場合でも同じだ。女性がひとりでは行きづらい地域へ旅行したい場合など、旅仲間を見つけることは切実な問題になる。また何人かでやるスポーツやゲーム、バンド演奏、ダンスなどをやりたい場合も、他の誰かとの助け合いは不可欠だ。ネットの掲示板もこうした仲間の募集で溢れかえっている。

こうして見れば、あえて複数の人間ですることのほとんどには助け合いの意味合いがあると言っていい。

もちろん他人と一緒にいれば、それだけ得をするというわけではない。人数が増えれば「内輪もめ」の問題が生じてくる。例えば、多くの作業を任される人には不満がたまっていくので、全員の負担が均等になるように常に気を配っていなければならない。相互扶助や共同作業の素晴らしさを説く記事などを見ると、そうしたマイナス面には触れていないが、ひとりでやることと共同でやること、各々を上手く使い分けるのがいいだろう。

相互マッサージ、料理持ち寄り、英会話サークル

自分ひとりではまずできないが、他の人がやるなら比較的簡単なものにマッサージがある。パートナーを見つけて互いに肩を叩いたり、凝った筋肉を押したりするだけで、

高額のマッサージに行くのと同等とは言えないまでも、相応の効果は得られる。これは互いの髪を切ったり、髪の手入れをする場合も同様だ。

参加者にそれなりのメリットがあるなら、ある程度の人数も集められる。

例えば料理持ち寄りの食事会。その場で参加者が作り合うのもいい。各自が食べることができる料理の品数が格段に増えるので、お金などかけなくても滅多にありつけないような豪華な食卓を囲める。自分でも五人ほどでひとりが一品を作って出す食事会を時々やるが、いつも食べきれないほどの料理が出来て、贅沢な気分が味わえる。自分は料理が得意ではないが、そういうメンバーがいたほうが腕の競い合いのような緊張感が生まれないので、それなりの役には立っている。

英会話の練習も、英語しか話せないという状況があって初めて効果が上がるものなので、ある程度の人数でやるのにうってつけだ。集めるのは数人でも十数人でもいい。英語限定を絶対条件にして、各自の自己紹介、テーマを決めたグループ討論、二人組での討論、英語だけを使ったゲームなどを二時間くらいやればいい。そうしたグループはすでに多数存在している。

この場合「先生」にあたる人を雇う必要がないし、参加者全員にメリットがあるので、場所代以外はお金もかからない。英語限定の時間は辛いので、二、三人の友人同士となるとついつい日本語を使ってしまい、長時間続けるのは難しい。人数はある程度多くして、「縛り」をきつくしたほうがいい。

「輪番制」を使う

このように何人かで同時にひとつのことをやる助け合いもあれば、グループのひとりずつが代わる代わる行《おこな》って全員がメリットを受ける形（輪番制）もある。第四章「稼ぐ」の項目で紹介した「日替わり店長制」などはその代表だ。ひとりで毎日やるのが大変なら、数人で日替わりでやればいいというわけだ。

「共同購入」もそんな相互扶助のひとつだ。ひとり分では送料がかかりすぎるもの、あるいはひとりでは使いきれないもの、まとめ買いすると安くなるものを、何人かでお金を出し合って買い、後に分配する。送料がかかる地方産の野菜や果物などは共同購入に向いている。生協は共同購入をシステム化している団体だ。

また一枚で同時に何人でも利用できる乗り物などのチケットも、共同購入するのに適している。例えばドイツの「ウィークエンド・チケット」。土日の二日間、国内の列車が乗り放題というこのチケットが発売された当初、安いうえに五人までなら何人でも乗車できた。このため、見ず知らずの人をこのチケットで乗せてあげて、乗せてもらった人が弁当などをお礼にご馳走するといったやり取りが広がったという（註1）。

ひとりですべてをやるのが難しい場合は、何人かのメンバーを集めて、利益と負担を山分けできる方法がないか考えてみよう。

手伝う代わりに寝場所と食事を

農場や宿泊施設などで仕事を手伝う代わりに、そこに無料で宿泊と食事を提供してもらうという助け合いも盛んだ。こうした手伝いには、ボランティア、ヘルパー、研修生、インターン、体験など様々な扱い方があるが、いずれも「ワーク・エクスチェンジ」(交換労働、ヘルプ・エクスチェンジ)と呼べるものだ。

〈WWOOF〉(ウーフ)は有機農場などで手伝いをする代わりに、宿泊と食事が無料になる、世界で最も有名なワーク・エクスチェンジのネットワークと言える。海外だけでなく日本にも受け入れているホストがいて、国内からでも申し込むことができる。

千葉県でホストをしているある農場に、東京に住む男性Oさんは以前、時々三日間ほど宿泊しては簡単な仕事を手伝って帰ってきていた。田舎の暮らしを体験できるのが魅力だと言う。農閑期に行けば、作業は犬の散歩や簡単な雑草刈りぐらいで、とても楽だったそうだ。もちろん作業がきついところも多いのだが、そんな利用の仕方も可能だ。

ちなみにサイト登録料は最初の一年は五五〇〇円かかり、以後年々下がっていく。

〈WWOOF〉に登録しているホストも有機農場の経営者ばかりではない。

有機農場に限らないワーク・エクスチェンジの世界的なサイトには、〈Workaway〉〈HelpX〉があり、日本からもホストが登録されている。〈WWOOF〉のホストが有機農場中心であるのに対して、これらは農場だけでなく宿泊施設や一般家庭も多い。したがって作業も炊事、掃除、子守り、庭の手入れなど家事全般が中心になってくるだろう。

最も気になるのは、労働の厳しさと宿泊・食事が釣り合っているのかという問題だ。日本の〈WWOOF〉では一日六時間、週六日程度の労働が推奨されているが、〈Workaway〉では一日五時間、週五日が基本だ。

またこうしたサイトを利用しなくても、国内、国外各地の農場、民宿、ゲストハウス、ユースホステルなどでは「ヘルパー」「インターン」などの名前で、宿泊・食事無料の代わりに、その分働いてくれるお手伝いさんを募集している。

日本に住む女性Oさんはあるメーリングリストに流れていた募集を見つけ、スウェーデンでの住み込みの家事手伝いに応募して六週間働いた。子ども三人と暮らす日本人のシングルマザーの家庭で、家庭内は日本語だったため、言葉の問題も少なかった。マクロビオテックの教室も開いており、マクロビ料理の勉強にもなった。行き帰りの交通費以外には、お金もそれほど使わずに済んだという。

ただし母親は週に数日教師として働いており、その間家事をするのは自分だけ。そしてひとりで外出をしない限り、手伝いの時間とプライベートな時間の区別はつけにくく、子どもの相手や留守番が続いてしまう。自由な時間を心置きなく楽しめたとは言えない。さらに、子どもが自分の作った料理を好んで食べてくれず、頻繁に残してしまうという問題にも悩まされた。

ただし、やはり単なる旅行では決して知ることができない、日本とは違う様々な暮らしの常識に触れることができて、とても満足している。

確かに旅行者が見ることができるのは、どれだけ長く滞在しても、その社会のなかの旅行者、あるいは「お客さん」を相手にするごく一部分に限られる。ガイドブックに紹介されている様々な場所も、「お客さん」に向けた「よそ行き」の姿にすぎない。その範囲から一歩踏み込んで土地の素顔を知るためには、こうしたワーク・エクスチェンジは絶好と言えるだろう。

また住み込みのような大がかりなことをしなくても、このワーク・エクスチェンジは身近なことにいくらでも応用できる。何かを手伝ってもらう代わりに食事をご馳走したり、見返りに何かをあげたりするのも、立派なワーク・エクスチェンジだ。これならSNSで知り合いに呼び掛けるだけでもできる。

合宿型ボランティア「ワークキャンプ」

また、国内・海外での合宿型のボランティア活動も、手伝いの代わりに住と食を得るという形態としては、ワーク・エクスチェンジの一種とも言える。

多くの人に呼び掛けて期間を決め、合宿形式で行う住み込みボランティアを「ワークキャンプ」と呼ぶ。〈NICE〉などの斡旋団体も多く作られ、広まってきている。ただしボランティア活動は社会性のある無償の奉仕活動で、また主催者団体がキャンプにかかる費用を負担しているところもあり、厳密にはワーク・エクスチェンジとは言えないのだが。

対象は環境保護、貧困地域の支援、被災者支援など様々で、期間は数日から二、三週間、長いものでは一年までと様々。世界から集まった複数人が合宿する形が基本で、働くのは通常一日六〜七時間、週五日程度だ。斡旋団体への支払いもあり、〈NICE〉では、初めての参加の場合資料代と参加費約四万円がかかる。もちろん他のワーク・エクスチェンジと同様、現地までの交通費も自分持ちである。ただし、単なる家事や店の手伝いよりはやり甲斐のある仕事ができる。

そして宿泊・食事無料で手伝いをしたうえに、最低賃金よりも少ないながらも報酬を貰うワーク・エクスチェンジ「ボラバイト」もある。ボランティアとアルバイトの中間ということで、こう呼ばれている。お金を貰う分だけ、当然仕事はきつくなり、八時間以上の勤務が多い。日給は三〇〇〇円から七〇〇〇円程度まで様々で、農場や牧場は安い傾向がある。専用のサイトも作られているが、宿泊施設や農家が独自に募集している場合もある。

また日帰りなどで、食事や宿泊の提供がなく、ボランティアとして手伝いのみを求めている農家もある。さらには、農業体験、農業学習として、体験料を払って作業を手伝うものもある。

筆者は梨園の体験ボランティアに参加したことがある。道具を使って花に花粉をつける作業を一日、後に実った果実を守るためにひとつひとつ袋をかける作業をまた一日手伝った。どちらも手を常に上げているという作業なので腕は疲れたが、時間が短いので大した苦にはならない。参加した目的は果樹農業の体験と都市農業の支援だったので、有給での募集が仮にあったとしても、楽なボランティアを選んでいただろう。

海外ボランティア体験談

これまで多数の海外ワークキャンプ（合宿型ボランティア活動）に参加している男性Sさんの例を紹介しよう。Sさんは一五年ほど前、インドでの被災地支援のワークキャンプに初めて参加。以後、バングラデシュの被災地、スイスの有機農場などへの支援を行うキャンプを体験した。

現地までの交通費は自分持ちだが、現地での宿泊と食事は無料。それ以外にかかるのは斡旋団体に支払う年会費と参加費のみだ。

どのキャンプも期間は二週間で、参加者は八人から三〇人と様々。年齢は二〇歳前後の若者が多かった。日本人がいたこともあるが、アジア人がひとりだけだったこともある。

誰もが真っ先に気になるのは言葉の問題だろう。Sさんには中学卒業レベルの英語力しかないと言う。作業などの説明も英語で行われたが聞き取れない部分が多く、わからないところは後から詳しく聞き返した。それ以外は周りの人を見ながら作業をしていた。それでもSさんはまるで気にしていない。

では現地での生活はどうか？ Sさんが参加したワークキャンプでは、広い部屋でザコ

Sさんが参加したオーストリアでのワークキャンプの様子

寝、屋外に各自が持参したテントを張って寝るなど様々だった。テント泊と聞くと辛そうに聞こえるが、ひとりになれるだけザコ寝より楽だったという。食事は当番制の自炊だったり、提供されたりした。作業は一日中農場の草取りをしたり、被災地にトイレを作ったりした。

ヨーロッパでは基本的に一日六時間、週休二日の作業という決まりがあり、作業時間が長すぎることはなかった。休日にはメンバーたちとゲームをしたり街や山に行ったりして過ごした。インドのような暑すぎる地域での作業はより短く、午後はほとんど何もしていなかった。作業が辛すぎたという経験はない。

なぜわざわざ海外に行って無料奉仕をするのかというと、観光地でないところに赴き、地元の人、様々な国の人と交流することは、海外旅行ではなかなかできないからだという。

ボランティア活動というと、苦しさに耐えながら善き行いをするものという印象があるが、ワークキャンプについては、善き行いをしながらも海外の人との合宿を楽しむという側面が強いようだ。

Sさんは国内のワークキャンプにも頻繁に参加している。有機農場などで週末だけ合宿するものが多かったが、二週間の長めのキャンプにも行った。英語が苦手な人、長期の合宿に自信がない人は、まずは国内の週末キャンプに参加してみるといい。

一般のボランティア活動

「助け合い」と聞いてまず多くの人が思い浮かべるのは一般のボランティア活動だろう。被災者、障害者、高齢者、野宿者・生活困窮者を救う活動、また催しの手伝いなどは「助け合い」の活動と呼ばれる。実際にはこうした活動は一方的な人助けであり、「助け合い」とは言えない。しかしこれも長い目で見れば、今人を助けておけば、そのお返しがいずれはやって来るという感覚があるからこそ、そのように見なされるのだろう。

ボランティア活動のやり方などは、本書であえて説明するまでもない。募集サイトも多数存在し、自治体や専門の団体も斡旋している（註2）。

もちろん一方的な手助けだからと言って、その行為が相手の得にしかならないわけではない。余暇を利用して、何らかの意義ある活動をしたがっている人はますます増えている。そういう人にとって、仲間と一緒に「いいこと」ができるボランティアは、まさに自分にとっても利益になる活動に違いない。

ただし、他人のボランティア精神の悪用も増えてきているので気を付けたい。本来ならば賃金を支払うべきところを、ボランティア活動と称して無償で行わせる傾向も社会全般に広まっている。お金なしでやってもらうことが習慣になると、手伝ってもらう側もついつい無報酬が当然と思ってしまうものだ。手伝う・手伝ってもらうという関係が固定化するのは、双方にとってよくない。

またこうしたボランティア活動も、大上段に構えなくても、身近でよりささいなことに応用できることは言うまでもない。遠方の被災地の人を助けられるのだから、近くにいて困っている人を助けられない理由はない。

悩みを分かち合う「自助グループ」

D・フィンチャー監督の『ファイト・クラブ』というアメリカ映画の冒頭で、主人公が癌など様々な重病に悩む人々の会合に出かけては、メンバーの話を聞いたり抱き合ったりするシーンがある。大規模なものが多かったが、あれらが自助グループだ。現在はギャンブル・買い物などの依存症、癌・心臓病などの重い病気、うつ・引きこもりなど心に関わる問題など、様々なテーマでの自助グループが作られている。特にアメリカには、人の悩みの数だけ自助グループがあると言われているほどだ。

何らかの障害を持った人々が集まって語り合うことで、問題や悩みを克服していこうとする自助グループも、助け合いの効果が大きい活動だ。その原型はアルコール依存症の克服（断酒）のためのもので、以後他の様々な障害にも応用されていった。医師などの指導を受けるのではなく、あくまでも当事者たちの助け合いによって成り立っている集団だ。

悩みを他の人と分かち合うと、とても心が休まるものだ。さらにひきこもりや対人恐怖症（社会不安障害）のように、集まりに出ることそのものが解決につながるような問題では、自助グループの持ち味は最大限に発揮される。

まずは、自らが持っている悩み、問題、障害についての自助グループが開催されていないかネットで検索してみよう。もしあれば、定期的に自由参加の会合を開いているはずなので、参加してみよう。

やり方はグループによってそれぞれだが、「批判をしない」「人の話に割り込まない」「勝手なアドバイスをしない」「勧誘をしない」などのルールが定められていることが多い。参加者は自己紹介などの発言を求められるので、何か話してみよう。本名も含めて言いたくないことは言わなくもいいし、発言について議論されることは少なく、「言いっぱなし、聞きっぱなし」が多い。

もし適当なグループが見つからない場合は、自分で自助グループを作ることもできる。やり方は、まずは一般的な形を取り入れるのがいいだろう。例えば、公民館などの安いか無料で使える一室を二時間ほど借りて、月に一回ほどの会合を開く。参加費は会場代とお茶代が賄える数百円。ネットやチラシ、地域の掲示板などで呼びかける。当日は二時間を各自の自己紹介などの発言に使うのもいいし、あるいは前半は順番で発言、後半は自由に雑談の時間とする、といった具合だ（註3）。

ただしここでもやはり、人間関係のマイナス面は避けて通れない。場の雰囲気を壊してしまう参加者が現れたり、参加者の間でもめ事が起きたり、不満を調整する必要が生じることもある。HPの管理なども含めて、リーダーに負担が集中するケースは少なくない。集まりを主催することで、かえって自分が苦しくなってしまっては意味がない。運営がきつくなりすぎたら、作業を分担したり、グループの活動を中止することも想定しておこう。

そして自助グループもまた、より身近な形にいくらでも応用できることは書き添えておこう。本書で紹介している様々な事例は、そうした応用のためのモデルでもある。ある悩みや興味・趣味を持った人を知り合い関係のなかから集めて、少人数でもかまわないので、定期的に会合を開くのは簡単だ。

小さい集まりだからといって、重要性が低いというわけではない。オルタナティブな世界や経済を作るうえで大事なのは、中心になって運動を推進する大きな組織ではない。そうした自発的な小さなグループがたくさんあることのほうが理想的なのだ。

この章のレクチャー

日本の「助け合い」とそのマイナス面

力を合わせる「ユイ」「モヤイ」

今ほどお金も機械も行き渡っていなかった時代では、人々が助け合いなしで生きていくことは難しかった。では、伝統的な日本の村の社会の助け合いはどんなものだったのかを見てみよう。現代の我々の助け合いの参考になることばかりだ。

この章で取り上げているような、お金や物ではなく「力を合わせる」タイプの助け合いは大きく三つに分けられた。ユイ、モヤイ、テツダイだ（註4）。

ユイ（結）とは、いくつかの家が互いに労働力を出し合って、代わる代わる各家の大仕事をするもので、交換労働とも呼ばれる。田植え、稲刈り、屋根の葺き替えなどがその代表的な作業だった。田植えを例に取れば、現代のような機械がない時代には、ひとつの家族だけで田植えを行うことは難しかった。そこで例えば五軒の家が一組になり、まずはA家の田植えを済ませ、次にB家、C家、D家……と行っていくものだ。これは各々の家が個別に行うよりも効率がよく、相互扶助のメリットを存分に生かしていると言える。現代でもアイデア次第では、友人間で使えるやり方だ。

モヤイ（催合）とはひとつの公益性のある大きな作業を、利益を受ける人々が集まり、力を出し合って仕上げることで、共同労働と呼ばれる。共有林の下草刈り、道路の手入れ、水路や井戸の清掃、雪かきなど様々なモヤイがある。かつての村の社会には、現代の我々には想像もつかないほど多くの、個人では決してできない作業が山積みされていたのだ。現代に残っているのは、町内の祭りや清掃といった作業くらいだろうか。

また労働力に限らず、米や豆腐などの物資を共同で集めることを物品モヤイ、共同購入などに使うお金を集めることを金銭モヤイと呼んだ。モヤイが労働のみを指す言葉ではないことがわかる。

ちなみにこうした膨大な作業を行うための話し合いの場が「寄り合い」であり、村の暮らしにおいて今の町内会などとは比較にならないほどの重要性を持っていた。助け合いには打ち合わせが欠かせないのだ。

一方的な支援「テツダイ」

テツダイ（手伝い）とは、ある家の作業を他の家の人が返礼を期待せずに一方的に支援する行為だ。冠婚葬祭の手伝いがその代表的なものと言える。村のなかの困窮者や被災者を助ける習慣もあり、津波などの場合は他の村を支援することもあった。

もちろんユイ、モヤイ、テツダイの区別は厳密なものではなく、長期的に見ればテツダイも相互に行われるのだから、ユイやあるいはモヤイと区別がなくなる。

またこれらは基本的には力・労働についてのやり取りを指す言葉だが、例えばある家の手伝いをした際に、食事でお返しをしたり、屋根を葺く際に資材を持ち寄ったりする場合もある。物やお金のやり取りを指す贈与・返礼、再分配なども密接に結びついており、同じように両者を厳密に区別をしても意味がない。

そして現在では、田植えも稲刈りも機械化が進んでひとつの家族でできる仕事となり、屋根は葺き替えのいらない瓦やトタン屋根となった。ユイはその必要性を失った。モヤイも、その基盤となる共有地が国有化、私有化などによって失われるにつれて減少した。

テツダイは現在も友人間や隣近所、ボランティア活動などで行われてはいるが、葬式・結婚式などは、お金を払って業者にやってもらうことが増えた。こうして村で行われていた助け合いは廃れていったのだ。

お金を積み立ててまとめる「頼母子《たのもし》」

また労働力のやり取りではないが、「頼母子」あるいは「無尽《むじん》」と呼ばれる、まとまったお金を作る相互扶助もあった（註5）。

ここでは十数人以上の信用できる人々が集まって、一年から三年程度の期間を決め、月一回ほど集まりを開いては、一定額のお金を出し合ってまとめる。一例を挙げるなら、一回につき五万円を一〇人で集めれば、毎回五〇万円が集まる。そうして集まったお金の貰い手を、入札、くじ引き、順番などで決めて、全員が受け取り終わるまで続けるといったものだ。基本的にひとりのメンバーは、払った総額より多くを受け取れるわけではないが、まとまったお金が必要な時のために重宝された。また毎回の集まりもメンバーにとって大切な交流の場だった。

ちなみにこうした組織は後に会社形態を取るものが増え、一九五一年の法制定により相互銀行へと移行した。頼母子のような顔の見える人間集団の相互扶助的な金融が、現在では味も素っ気もない銀行になっているのは、時代の変化を実によく表している。

ヨーロッパの助け合い

またヨーロッパを見ても、村落には同様の助け合いの伝統が見られた。一九世紀末に記録された例をいくつか挙げてみる（註6）。

●家を建てる、道路を修繕する、噴水を作る、作物を刈り込む、果樹園を作るなどの作業は、村の人々が助け合って行う。

●村の共有林から焚き木にする材木を共同で切り出す。また村民全員に焚き木を配る。

●草を刈る、ジャガイモを掘るといった人手のいる作業があれば、近隣の若者を集めて手伝ってもらい、お礼に晩御飯を食べさせてあげる。この南フランスの習慣は「借り」と呼ばれていた。

●若い女性が結婚する時は、近所の娘たちが集まって着物を縫ってあげる。

●脱穀機やブドウ圧搾機などの機械は、何軒かで共同で使う。

枚挙にいとまがないが、日本での助け合いとの共通性がはっきりと見られ、こうしたことが世界中で行われていたことは想像に難くない。

村八分＝助け合いのマイナス面

ただし、きれいごとだけを書いて済ませるわけにはいかない。

こうしたユイ、モヤイ、テツダイを見て、素晴らしいと思う反面、面倒臭そうだと感じる人は多いだろう。助け合いの恩恵を受けたいのならば、自らも他人を助ける数多くの村仕事に参加しなければならない。つまり権利には義務が伴っているのだ。これらの義務を怠る人が出てしまうと助け合いは成り立たない。そこで義務を怠る人、村の決まりを破る人に対する制裁が必要になってくる。それが村八分だ。

村八分とは基本的には、村の全員がルール違反者との交際を断つ共同絶交である。さらに厳しい措置には村からの追放もあった。これは同時に、違反者以外の者も違反をしないように牽制するものでもある。

村のルールにはまずは、文章になったり口頭で継承されたフォーマルな「村決め」があった。特に共有地からの採取のしかたの決まりが多かったが、道路、用水、山野の管理のしかた、農作業を休むべき日、寄り合いへの出席など様々な取り決めがなされた。また村の喜び事、悲しみ事に顔を出す、お返しの義理を忘れない、村の相互扶助行為を果たす、付き合いをよくする、といったインフォーマルな決まりもあった。そして村八分は、違反者に対して、寄り合いでの全員の合議で決定された。もちろん制裁は村八分だけではなく、軽い制裁としては罰金もあった。

村には結婚式、葬式、火事、出産、病気など様々な機会に助け合いの習慣があるが、村八分にされると、公私にわたってこうした付き合いのほとんどが断たれる。一〇の大きな付き合いのうち、葬式と火事の二つ以外は手伝わない制裁だから「村八分」と呼ぶというのは俗説であり、むしろ完全に交際を断つのが普通だったとされる。

これは家族全員に加えられる制裁であり、「村八分の者と付き合った者も村八分にする」のが通例だった。田にヒエを撒く、井戸に糠を入れる、赤頭巾や縄帯を身につけさせるといった、単なるいじめと区別がつかない制裁もあった。

具体例を挙げると、青森県には、道路の維持管理をする「道普請」という共同作業を欠席したために、村道の通行を禁止されて、五年間地区内の交際を断たれた人がいたという。

「ムラ社会」を超えて

また違反にもハッキリしたものとそうでないものがあるように、回覧板が何年も回ってこないなど、「やんわりとした村八分」が存在したであろうことは容易に想像できる。村の多数を味方につけている者が、単に気に入らない相手に嫌がらせをするために、あるいは少数意見を押さえ込むために、何かにかこつけてこの「やんわりとした村八分」を発動することもできただろう。

村八分は明治以降、人権意識の高まりから強い批判を浴びている。また共有地や共同作業が激減したのだから、村八分もまたかつてのような重要性を持ちえないはずである。それでもなお、村八分をめぐる事件や訴訟はなくならない。

また村のメンバーとして認める「村入り」についても、厳しい条件があった。村で仲間として暮らすためには、果たさねばならない相互扶助の義務、守るべき公共財についてのルールなどがあり、それを果たせる人でなければ困るのだ。香川県には、保証人をつけて集落の規約に違反しないように約束させる村入りもあった。

村入りができない人は、「よそ者」という扱いになる。今では、住所は村にあっても煩わしさを避けて、あえて「村入り」をしない人が増えている。

村八分の恐怖におびえながら、仲間外れにならないことをすべての行動に優先させて生きる人生は空しい。一方村社会には、近代社会が尊重した「個人の自由」というものを積極的に認めようとする傾向はあまり感じられない。近代以降の社会で村的な人間関係が希薄化していったことには、それなりの理由があったと言えよう。多くの人は、このような人間集団のなかで生きていくのがきつかったのだ。

人間の集団のなかでうまくやろうと思えば、個を抑えて集団の付き合いを優先させ、集団の多数派を味方に付ける必要がある。自らの個を優先させるなら集団のなかでは、大なり小なり浮いた存在にならざるを得ないだろう。これはどんな人間集団にも当てはまることだ。

ユイ、モヤイ、テツダイは、村八分などと表裏一体の関係にあり、こうした制裁があってこそ維持されてきた。村の助け合いの素晴らしさしか見ようとしないなら、こうした裏の側面に光を当て、正していくことはできない。このような習慣を存続させるくらいなら、むしろ助け合いなどやらなくていいので、各自がお金を使って人を雇ったほうがマシだと考える人もいるだろう。

もちろん助け合いをするなら、村八分がどうしても必要になるわけではない。それでも助けたり助けられたり、贈与したりお返ししたりという長期にわたる人間集団を築けば、似たような問題が生じることはあり得る。

助け合いといういささか古臭い習慣に人々を向かわせたいなら、そのいい面を伸ばすと同時に、厄介な面を是正していくことが不可欠だ。個と集団全体をいずれも尊重する、あらたな人間関係を模索するべきだろう。

現代の助け合いには、ボランティア活動のように一方的・慈善的な「テツダイ型」で、一時的、個人的なものが多い。ここには自らが助けてもらう権利はない代わりに、助ける義務も長期にわたる人間関係もない。これが前時代のマイナス面を踏まえた、新たな助け合いの形なのだろう。

（註1）『食事はただ、家賃も0円！　お金なしで生きるなんてホントは簡単』H・シュヴェルマー、アーティストハウスパブリッシャーズ、二〇〇三年

（註2）〈YAHOO! JAPAN ボランティア〉などが有名。

（註3）参考：『知っていますか？　セルフヘルプ・グループ　一問一答』（伊藤伸二他編著、解放出版社、二〇〇一年）、他

（註4）日本の相互扶助と村八分については、主に『互助社会論』（恩田守雄、世界思想社、二〇〇六年）を参考にした。

（註5）「頼母子講」「無尽講」という呼び方もあるが、「講」とは自発的に集まった集団全般を指す言葉。

（註6）参考：『相互扶助論』P・クロポトキン、大杉栄訳、同時代社、一九九六年

第六章 行政から貰う

もっと使える公共サービス

再分配を貰おう

市町村、都道府県、あるいは国が提供する公共の施設やサービスは、よく見れば我々のまわりに溢れている。それらは公のお金で運営されているため、多くは無料か格安だ。こういうものを利用することは、個人が得をするだけでなく、社会全体として見ても大きな効果があるのだ。

公共のサービスを利用することは、「富の再分配」を受けることでもある。再分配は、贈与や市場での売り買いと同じく、古くからある重要な経済の形のひとつだ。富める者から取り、貧しい者に富を回し、貧富の格差を解消する役割を担っている。貧しい者が行政のサービスを利用するのは、社会の格差解消を進めることにもつながるのだ。我々がこれをもっと利用することで、さらに予算が増え、格差も小さくなるはずだ。

そのため本来であれば、行政から直接お金を受け取る方法を書き連ねたいところだ。けれどもそうした給付金は、高齢者、障害者、病人など、特別なケースに対応しているものが多い。そのためここでは生活保護など一部の給付金の紹介に止め、それらを羅列することはしない。金銭的に大きな生活支援にはならなくても、誰もが日常的に利用できるものを中心に紹介する。

また企業が作った博物館のような民間組織が提供する無料施設や無料サービスもあるが、再分配ではなく企業のアピールという側面が強いのでここでは紹介しない。ただし、行政から資金が出ている場合はその限りではない。

図書館は大切な「居場所」

自分にとっても日々の生活に欠かせない大切な場所なので、知らない人はいないがどうしても最初に紹介したいのが図書館だ。ここは本を読んだり借りたりするだけの場所ではなく、地域における「居場所」として極めて優れている。自分の場合は新聞や雑誌を読むために近隣の地区図書館に行くのが、ほぼ日課となっている。

学習室で持ち込み勉強をしながら休憩所で友達と話すのもいいし、ソファーで新聞や雑誌を眺めるのもいい。ＣＤやＤＶＤを貸し出すところも多く、貴重な映像や音源を館内で視聴できる場合もある。インターネットも見られるし、カフェが併設されていたりもする。また無料放出している処分本のなかにはいいものがあるし、いらない本は寄贈することまでできる。

コミュニティ・スペースとしての図書館をもっと評価しよう。

To GO
行ってみよう

音楽の宝庫・小石川図書館（東京都文京区）

小石川図書館には東京の公共図書館では断然一位の、約二万枚のアナログレコードが所蔵されている。専用の部屋には七〇〜八〇年代のロックやクラシックを中心に、膨大な数のレコード盤が陳列されていて、よく知られた名盤のジャケットを眺めているだけでも飽きない。またCDも豊富で、特にオルタナティブ系のロックでは洋楽邦楽を問わず、これが図書館にあるのかと驚くマニアックなものまでがよく揃っている。さらにクラシックやジャズに加えて、ワールドミュージックや現代音楽の棚まである。四階にあるホールでは、トークやライブ、落語なども行われているのだ。

他の文京区の図書館にも同じくオルタナティブ系ロックや現代音楽などの音源も多く所蔵している。まずはどんなものがあるかネットで検索してみるといい。文京区の図書館は誰でも利用者カードが作れて、CDも含め貸し出しができる。

To GO
行ってみよう

「すべての出版物」を保存する国立国会図書館

国会図書館は、「すべての出版物を納入する」と法律で義務付けられているため、蔵書数はもちろん日本一だ。貸し出しはできないが、古いマンガ雑誌まで保存しているので閲覧しているだけでも飽きない。音楽の在庫も豊富である。

さらにホームページもよくできている。国会図書館でデータ化した図版や音源も膨大なデータベースになっていて、ネットで見たり聴いたりできる。各テーマについて調べ方を案内するリサーチナビも驚くべき完成度だ。簡単なキーワード（例えば「コーヒー」など）を入れると、どんな関連ジャンルがあるかの一覧が現れ、それら（「嗜好品」「フードビジネス」など）をクリックすれば、各ジャンルについてどんな本、雑誌・新聞記事、ネットのサイトなどの情報があるかが示される。本を借りなくても、調べ方を知るうえで非常に役に立つ。

公園・霊園でくつろぐ

公園も最大限に利用したい公共の施設だ。簡単な弁当を作って地域の大きめの公園に自転車で行き、昼ご飯をベンチで食べるのもいいし、有名公園に電車で遠出してみるのもいい。

東京でくつろげる大公園を独断で選ぶなら、井の頭公園、上野公園、代々木公園、日比谷公園あたりになるだろう。水場とその周囲のベンチの多さ・居心地のよさがくつろげる公園のポイントだ。東京の公園なら、〈公園へ行こう〉（東京都公園協会）というHPに一覧と説明が掲載されている。

霊園もまた公園のように利用できる場所だ。自治体が運営する大型の墓地は公園のようになっていて、自由に入りくつろぐことができる。こうした霊園のなかを歩いていると、霊園は公園よりはるかに静かであることがわかる。人気も建物もなく、空が広々としていてとても穏やかな気分になる。東京都が運営する霊園は、〈TOKYO霊園さんぽ（都立霊園公式サイト）〉というHPで紹介されている。

To GO
行ってみよう

有名人の墓が多い「多磨霊園」

東京・府中市にある都内最大の墓地。三島由紀夫、内村鑑三、朝永振一郎、江戸川乱歩、山本五十六、大岡昇平、与謝野晶子、菊池寛、向田邦子など、そうそうたる著名人の墓がある。事務所でそれらの墓の位置が書かれた地図が貰え、墓巡りをすることができる。岡本太郎の墓はユニークで人気が高い。

隣接する浅間山という小さな山に登り、上から墓地を見下ろすのも気分がいい。

国公立大学のキャンパスで憩う

私立大学のキャンパスには隙間なく建物が建っている場合が多いが、国公立大学は比較的キャンパスも広く緑が多いので、公園のように利用できる。もちろん学外者でも入れるし、万一呼び止められたら図書館の利用者だと言えばいい。図書館はたいてい学外者でも、簡単な手続きにより無料で利用できる。

大学内で部外者が利用できるのは、池や並木道などのベンチ、学食、図書館、生協などだろう。古い建築物を見学するのもいい。一般向けの市民講座を無料で開くこともあり、大きめの教室なら講義にもぐることもできる。

東京なら、東京大学本郷キャンパス、一橋大学、東京農工大学府中キャンパスあたりがお薦めだ。

To GO
行ってみよう

観光名所もある東京大学本郷キャンパス

敷地は都心部の大学では一番の広さで、赤門、安田講堂など観光名所となっている建造物もある。敷地のど真ん中にある三四郎池の周辺はうっそうとした緑地になっていて、都心とは思えない静けさだ。歩き疲れたらこの近辺で一息つくのがお薦めだ。図書館の蔵書数も、国会図書館に迫り国内では二番目に多

東京大学の三四郎池

い。また生協の書店には、今ではすっかり店頭から姿を消してしまった選りすぐりの思想書などの名著も並べられている。

そして敷地の一角にある総合研究博物館も、散歩がてらに訪れてみるのに絶好の場所だ。常設展示では、動物の骨やアンモナイトなどの化石、蝶などの昆虫、古代の石器、鉱物といった様々な標本が並んでいる。それほど広くはないが、展示物はぎっしりと詰まっていて、入場は無料だ。

ライヴも開ける公民館

地域の公民館とは、高齢者が趣味や稽古事の集まりで使うだけの縁のない場所と思っていないだろうか。確かに現状ではそうした利用に偏っていることが問題視されている。公民館は図書館や公園にはない「つながる」機能を持つ場所なので、もっと広く使われるべきだ。

使い方の決まりや設備は各市区町村によってまちまちだが、大小の会議室、和室、調理器具や音楽機材のある部屋などを貸してもらえる。何らかのテーマを持った学習会やサークル活動に適していて、英会話の自主教室や自助グループ（第五章参照）の集まりなどにも最適だろう。講師を呼んで開催するイベントも開ける。音楽スタジオではバンドやダンスの練習ができ、ホールを借りてバンドを招き、ライヴイベントを行う人もいる。

ただし、営利目的の集まりは通常禁止されるので、入場料ではなくカンパや資料代を集める必要がある。宗教活動、立候補者や政党を支持する政治活動も禁止しているところが多い。けれども基本的に、地域の市民が自主的に行う文化的な集まりであれば歓迎してくれるはずだ。まずは使ってみて、どの程度まで幅広く利用できるのか模索していくのがいいだろう。

では、これまで公民館のホールを無料で借りて、ロックコンサートを度々企画してきたある市民団体のやり方を見てみよう。

これまでのライブでの集客は三〇～七〇人ほどという小さくない規模だ。「コンサート」という名目で申し込み、集客してロックバンドの演奏をすることができた。ただし入場料を取ることはできず、資料を配布して「資料代」として集金した。また苦情が来るので音量にも制約があり、物販はできずアルコールも飲めない。時間にも厳しく、また機材のない会場ではスピーカー、アンプ、ミキサー等を持ち込まねばならない。こうした設備や条件は各々の自治体によって違うので、問い合わせてみるしかない。ただしそれらの機材をレンタルしても、ライブハウスでやるより安上がりだという。

どれだけ些細な制約があったとしても、無料で会場を借りられるのは何物にも代えがたいメリットだ。ライブハウスなどの既存の日本の会場のシステムでは、お金がかかりすぎてしまう。これでは自由にライブを行うのは難しいのだ。

こうしたホールに限らずどんな公共施設にしても、営利イベントや宴会など目的から大きく外れた利用をされることを恐れて、厳しくルールを定めすぎているきらいはある。様々な形で必要なお金を集めるなど、ルールから逸脱することなくできることがたくさんあることを心に留めておこう。

生活保護は権利

生活保護は、この国が持つ救貧制度のなかでも特に素晴らしいものだ。最貧層にお金を回すので、再分配を促進するうえで最も効果がある。受給をためらう必要はない。生活保護を受けるための条件は以下のとおりだ。

・収入が最低生活費に満たない

最低生活費は例えば東京の市区部の四〇代一人暮らしであれば、「生活費月約八万円＋家賃約五万四〇〇〇円＝約一三万四〇〇〇円」となる（ただし他の地域ではこれより安くなる）。年収にすると約一六〇万円。収入がこれを下回る人は誰でも足りない分を生活保護費として貰えるし、収入がまったくなければ全額が貰える。

・能力に応じて働く

生活保護を受けるには、「その前に他のあらゆるものを活用する」ことが前提となる。そのため、本人の労働力も活用しなければならない。ただし探していても希望する仕事が見つからないこともあるし、精神障害などで働けないこともある。それらを押してまで働かねばならないわけではない。ケース・バイ・ケースだ。

・資産を活用する

貯金、不動産などの資産があれば、売れるものはすべて売り払って生活費にあてることになっている。けれども、それも状況次第。持ち家はよほど高く売れるものでなければそのまま住めるし、クーラー、テレビ、パソコンも持てる。自動車は原則として売ることになるが、通勤に必要ならその必要はない。一般に贅沢と見なされるものは持てないと言える。

・親族の支援を受ける

親族に資金援助をしてくれる人がいるなら、まずそれを受けることが優先される。別居中の親や子、兄弟姉妹には、養えないか、仕送りができないかという問い合わせが行く。けれども問い合わせたところで扶養をしてくれる親族は滅多になく、援助金の平均金額すら一万円以下と言われている。知られることを嫌がって申請を諦める人もいるため、非常に評判の悪い制度だ。親や子がある程度の資産を持っていても、援助は彼らの意思次第なのだから、そのために生活保護が受けられないということはない。

・他の給付を受ける

年金や各種手当など他の給付が受けられるなら、まずはそちらを貰うことになる。

申請は住んでいる地域の福祉事務所の窓口でできる。支援団体の人に同行してもらえば、より通りやすい。受給が決まったあとは、半年に一回程度、抜き打ちでケースワーカーの訪問があり、指導を受けることになる。

健康で文化的な最低限度の生活を送ることは、憲法でも保障された権利だ。生活保護はこの権利を守るためにある。最低生活費に収入が届かないなら、誰にでも貰う権利があるということだ。

職業訓練でお金を貰う

障害者・高齢者・病人ではなく、家庭もなく失業保険もないという人には、どんなに生活に困っていても、生活保護以外には国からの給付はほとんどないのが現状だ。ただしこの求職者支援制度は、こうした人にも受けられる第二のセーフティーネットとしてよく利用されている。

これは職業訓練を受けている間、月一〇万円の給付金と交通費が貰えて、受講料も無料になる制度だ。失業手当（基本手当）の給付期間が終わっている、あるいは雇用保険に入っていない人を対象としている。ただし本人の収入が月八万円以下、世帯の収入が月二五万円以下、世帯全体の金融資産が三〇〇万円以下で、すべての訓練に出席していることなどが条件となる。

職業訓練は指定の機関で三～六カ月間受けるが、ＷＥＢデザイナー、介護職、フラワーデザイナー、農業、植木職、調理人など実に様々な職種が選べる。ただし人気の講座などは受けられない場合もある。申請は住んでいる地域のハローワークへ。

こうした支援こそ、今まさに国が行うべきものだ。

やりがいのある「地域おこし協力隊」

地方で暮らしたい、地方の活性化に貢献したい人に人気の制度が〈地域おこし協力隊〉だ。

過疎化や高齢化が進む地方の市町村による隊員募集に応じて地域おこしの仕事に就き、年収二〇〇万円程度の報酬が貰える。自治体によっては住居の支援も受けられる場合があり、活動費は国から出るので自治体の負担にはならない。この国にしては珍しい、地方や人々のためになる好政策だ。

任期は一～三年で、その後は起業などしてそこに定住することが期待されている。どんな募集があるのかは、〈地域おこし協力隊〉という専用のＨＰで簡単に調べることができる。仕事の内容、報酬、条件などは自治体によって異なる。

肝心の仕事については、特産品の開発や情報発信による地域のアピールなど様々だ。ただし自治体によっては受け入れ態勢が十分に整っていないため、行ってはみたものの仕事がなく、草刈りなどの村仕事や役所の事務の補助作業に忙殺されるケースもある。また予算もすぐには降りないため、思うように企画に取りかかれないこともある。また方言がまったくわからないなど、地域に溶け込んでいく際の苦労を語る経験者も多い。

それでもやり甲斐のある仕事で報酬を貰えるのは、何物にも代えがたいメリットだ。

スポーツ施設で鬱屈の解消を

公営のプールや体育館などのスポーツ施設も、最大限に利用したいサービスだ。

体育館では卓球、バドミントン、バスケットボールなどができて、用具も貸してもらえる。少人数での個人利用なら予約も必要ない。テニスコートや野球場、武道場なども借りることができる。またスポーツジムを備えている自治体も多く、私営のスポーツクラブに比べてもそれほど設備に遜色はないだろう。利用料は、地元の施設なら百数十円から数百円と格段に安い。まずは、地元にどんな施設があるのか調べてみよう。

運動不足気味で好きな時間に一人で体を動かしたい場合は、プールがお薦めだ。特に夏の野外プールは、鬱屈した気分の解消には絶好で、自分も三〇年近く利用してきた。その経験から言えば、プールの良し悪しを決める最大の基準は混み具合である。いいプールはネットで検索しても見つからない。大人の個人利用者にとって、どんな豪華なウォータースライダーや流れるプールを備えていても、そのせいで混んでいるのではかえって不快な思いをしてしまうからだ。最高のプールとは、自分以外に誰も泳いでいないプールなのだ。混んでいるのは、夏休みの期間なら土日やお盆休み、昼の時間。逆に空いているのは平日の開始直後と終了間際。また雨が降りそうな（または小雨がパラつく）日、夏休み開始前・終了後などはガラガラであることが多い。

公立学校のプールを夏休みだけ一般に開放している自治体もあるので、調べてみれば穴場が見つかるかもしれない。人気のないプールを見つけることができれば、暑い夏の最高の居場所となるだろう。

驚くほど多い「無料相談」

ネットで「無料相談　〇〇」と検索してみれば、行政のもの、民間のものも含めて驚くほどたくさんの相談窓口があることがわかる。役所も実に多くの相談窓口を作っているので、利用した方がいい。これもまた自分でもよく利用している。

最も使いやすいのは市区町村が行っている市民相談だろう。なかでも法律相談は、無料で当番の弁護士に話を聞けるまたとないチャンスだ。もちろん法律相談は法律の疑問に答えてもらうだけのものではなく、かなり広い範囲の困りごとに対応している。他にも税理士に相談できる税務相談、悩み事全般、住まい、子育て、福祉、起業、ＤＶ、外国人など様々なテーマで、各々曜日や日にちを決めて行っていることが多い。相談時間は二〇～三〇分程度が一般的なので、相談前には聞きたいことや説明すべき内容をメモしていくといい。話が横道に逸れたり、相手が違うポイントについて答えはじめたりすると、二〇分などあっという間に過ぎてしまう。

心の悩み相談は市区町村でも、都道府県でも多数実施されている。全国にある〈精神保健福祉センター〉では、うつや不安症などの心の問題に加え、依存症などの相談も受けつける。ただしこうした相談は治療ではないので、話をじっくり聞いてもらうのが主となるだろう。それでも心の悩みは、聞いてもらえるだけで随分助かるものだ。民間団体も多数受け付けている。

人権については、法務省が全国に置く法務局が、面接、電話、メールで相談を受け付けている。しかしながら面接で出てきたのは役所の職員で、「上に上げる」と言われて何カ月も待つと、「人権侵害でないので対応しない」といった「上」からの通知が来たなどということもある。〝お役所〟の行う相談にはそうしたリスクは付きものだ。

医療に関する相談窓口もたくさんある。歯科相談なら各市区町村で、各々の歯科医師会が受け付けていることが多い。また医療全般の相談なら、全国の〈医療安全支援センター〉が受けている（東京都では〈患者の声相談窓口〉）。ただしここでは「専門的な相談は受けない」と言われてしまうので、どんなことが相談できるのかわかりづらいが。

消費者問題については、全国の〈消費生活センター〉が電話で丁寧に相談に応じてくれる。

労働問題なら厚生労働省が全国に設置する〈総合労働相談コーナー〉がある。公共の無料相談は、有料の相談やカウンセリングなどに比べて真剣味が足りないのはやむを得ない。そんな時は民間団体が行う無料相談を利用するのもいい。けれどもどこに行っても、悩みとは相談ひとつで解決することなど滅多にないことも忘れないでおこう。

市民農園、博物館、見学会……

他にも無料・格安で利用できる公のサービスは山ほどある。

野菜を育てたい人は、市区町村の市民農園を借りてみよう。競争率が高くて抽選になることもあるが、一〇〜三〇平方メートル程度の土地が年間数千円の料金で借りられる。このくらいの面積でも必要なものだけを密に植えれば、一人暮らしならかなりの野菜が賄える。

上下水道、消防、警察などの公共機関は、入館無料の小さな博物館・資料館・記念館なども運営していることが多い。パネルや音声による解説、貴重な資料や模型・現物の展示、映像の上映などがよく行われている。本部の建物にこうした施設が併設されていることも多い。たいていは何度も通ってしまうほど面白いわけではないが、散歩がてらに行ってみるのは楽しい。

無料で見学会を行っている公共機関も多い。特に東京都環境公社が行う東京湾とゴミ埋め立て地の見学「海と陸からの見学会」はお薦めだ。まず船で東京湾を一周し、埋立地とともに湾岸に並ぶ倉庫などの輸入用の施設を見る。その後、バスでゴミ埋め立て地を見学。つまり首都圏の物流のインとアウトを同時に見られるというわけだ。海だけ、埋立地だけの見学も無料でできる。自衛隊駐屯地や裁判所、また公共施設ではないものの築地市場など市場の見学会も興味深い。

官公庁などの食堂も、特に味がいいというわけではないが、割安で食べられる。なかでも霞が関にある農林水産省の食堂は定評がある。

また無料で景色を楽しむには、公共の建物の展望室もいい。特にお薦めできるのは東京都庁の最上階展望室だ。ここからビルと住宅に埋もれた都心部、さらには関東平野までが一望できる。また高層ビル群のなかにあるため夜景も素晴らしい。

再分配は富の偏りを正す

太古からの政治の中心的役割

行政が税金としてお金を集め、それをお金がなくて困っている人に回す。これは現代の社会で、最もわかりやすい富の再分配の形だ。生活保護をはじめ、公の失業保険、医療保険、年金など様々な給付金がそれにあたる。けれども集めた税金で行政が行っているサービス、例えば図書館や体育館などを人々が無料、あるいは格安で広く利用することもまた、広い意味での富の再分配の機能を持っている。

ここではその富の再分配について見てみよう。

再分配はある集団において、一度富を中心に集めて、それをもう一度なるべく公平になるように配りなおすことだ。人間の経済をまとめる三つの形のひとつとして、重大な役割を果たしてきた。

最もわかりやすいのは、部族社会などの狩猟を中心とした集団の再分配だろう。猟師が獲物を独り占めしてしまっては、集団内の人々の食べるものがなくなってしまう。また獲物の量は常に一定ではない。また狩猟そのものも集団で行うことが多く、猟師の日々の暮らしも他の人々に支えられているのだから、獲物は猟師だけの手柄とは言えない。そこでこうした集団では、獲物はいったん集団に差し出されて、首長がそれを貯蔵し、メンバーにあらためて配りなおすことになる。再分配は富の偏りを正すために欠かせない手段であり、誰からどれだけ取り、誰に回すかを決めるのは、太古も今も「政治」の中心的な役割だ。

古代エジプト、古代中国、バビロニアのようなかつての大帝国でも、再分配は特に重要だった。実に様々な生産物が徴収されて貯蔵され、官僚や軍人など生産しない人々に配られた。この場合は、格差の是正に働いたかどうかは定かではないが。

一パーセントが半分以上の富を持つ

そして我々が生きる現代の福祉国家でも、再分配の重要性は増した。この社会では各々が、まず賃金や売り上げを分配される。ただしこれは市場の力や資本主義の原理に任せているので、富は公平には行き渡らない。経営者はより多く取り、雇われた人の分け前は本来の額よりも少ない。経営者のなかでも儲かる人もいれば、赤字の人もいる。そこで今度は行政が、たくさん稼いだ人からはより多く税金を取ることによって富を集める。そしてそのお金で様々な社会保障や公共サービスを行うことで、困った人を助け富の偏りを正すのだ。

二〇一五年にはついに世界の一パーセントの富裕層が持つ富が、残りの九九パーセントが持つ富よりも大きくなってしまった（註1）。格差が拡大しているのは日本でも同じだ。資本主義の社会で富が公平に分配されるはずがないが、そのうえ再分配をする行政もまともに機能していないためにこうなってしまう。富んだ側からはもっと税金を取り、貧しい側にもっと配るのが普通なのだ。この状態は、狩猟で暮らす集団で獲物をしとめた猟師がそれを独占しているようなものだ。

こんな社会なのだから、暮らしに困った人が行政から援助のお金を受け取ることをためらう必要はない。元々初めの分配の段階で取り分が不当に少ないのであり、再分配を受け取るのはお情けにすがることではない。狩猟集団の猟師も他の人々の日々の支えがあるからこそ、獲物をしとめられることを思い出そう。行政の無料サービスも、社会を公平にするためにもどんどん使うべきなのだ。

（註1）二〇一六年一月のNGO〈オックスファム〉の発表による。

第七章
自然界から貰う
無償の世界

自然界から何かを貰うなら、基本的にすべては無料だ。ここには特別な意味がある。今我々が行っている経済とはまったく別の原理がそこに働いているように思えてくる。それは返礼を求めない純粋な贈与の原理だ。人々は長らくこの原理を最高のものとして尊重してきたのだ。その感覚がわかるのは得難いメリットだ。

また自然界に触れていると、人間関係に疲れた時には大きな安らぎが得られる。これにも相応の理由がある。

ここでは「育てる」「採取する」「鑑賞する」の三つの方法に分けて紹介しよう。

育てる

自分で野菜の種を蒔き、育ててそれを食べていると、自分で作っているのに何かを無料で貰っていると感じる。それが畑で一〇年近く様々な作物を育ててきた自分の実感だ。

ここではその試行錯誤をもとに、野菜栽培の経験がない人、狭い場所やプランターしかない人でも簡単に作れる作物ばかりを選りすぐって紹介する。一般の栽培のガイドにはあらゆる作物が網羅的に紹介されているが、そのなかには初心者には難しいもの、広い場所が必要なもの、少しだけ作ってもしかたのないものなども多く含まれている。単にそれを参考にしても、いい条件に恵まれている人など滅多にいないので、上手くいかずにせっかくの興味をなくしてしまう人も少なくないのだ。

また種、苗、肥料を買わずに無料で調達する方法もたくさん紹介している。もちろん化学肥料や農薬は、一切使わないことを前提としている。

(一)薬味・調味料、香味野菜

まずは日常的に使いやすい、食事の調味料(添え物)に使えるような作物を紹介する。例えばラーメン、蕎麦、うどんなどを食べる時に、少しだけ添えるもの。みそ汁、スープに少し入れるだけで味が良くなるもの。特にインスタントの麺類などでは、こうしたものが少しでも入っているのといないのとでは、まるで印象が違う。

こうしたものは少量で十分だし、必要な時に少しだけ採ってきて使うことができるものが多い。わずかながらでも、自ら栽培した甲斐を実感できる作物と言えるだろう。

・ネギ

買ってきた普通の白ネギの根のほうから一〇センチほどを切り取り、土に埋めておくだけで、葉が生えてくる。白い部分は増えないが、緑の部分(葉ネギ)でいいなら、うまくいけば数年間は常時手に入る。

・シソ

一度育てれば、土をそのままにしておくだけで、翌年はこぼれ種から勝手に芽が出てくる。最初は、育てている人から種を貰うのも簡単だ。葉も実も、どんな和風料理にも合う独特の香りを加えてくれる。ちなみに自分がこれまで育てたもののなかで、最も「使える作物」だったのは、このシソだ。

・ニラ

これも一度生えたら根が残り、冬場を除いていつも葉が出ている。しかも根が次々と分かれ、放っておいてもプランターが一杯になるほど増える。虫には強いが、さび病には注意。

・トウガラシ

安く買うことはできるが、採れたての実は辛さが生きていて、買ったものとの違いもわかる。自作しがいのある作物だ。ある程度の草丈があるので、プランターや狭い場所で大量に育てることはできない。けれども上手くいけば、一本からでも相当量の実が生る。鮮やかな赤い色の実は鑑賞するのにもいい。最終的な大きさをよく考えて、株の間隔を空けておく必要がある。

・ミツバ

これもこぼれ種から雑草のように毎年生えてきて、虫にも強い。日本原産だけあって、和食に合う独特の味わいがある。

・サンショウ

最終的には人の背丈を越えるほどの高さにまでなる低木なので、ある程度のスペースは必要だが、植木鉢で小さく育てることもできる。葉も実も独特のさわやかな味わいがあって、料理にも多用できる。葉も落葉期まではいつでも採れるが、特に春先に出る柔らかい新芽がいい。

ただし植え替えや環境の変化、水の多い少ないで突然枯れてしまうことがあるので注意が必要だ。日当たりはある程度悪くても大丈夫。挿し木で増やすこともできるので、一〇センチほどの枝先を切ってきて土に埋めておいてもいい。

・ミョウガ

ミョウガの本体は細長い地下茎でつながっている。それを一部切り取って埋めておくだけで、新たな芽が出る。我々が食べるミョウガとは、その本体が初夏から秋にかけて根元から地上に出す花の芽だ。実に風変わりな作物と言える。

この地下茎は買うこともできるが、広がりすぎて困っている人も多いので、人から貰うのも比較的簡単だ。虫もつかず、手入れは一切いらない。日陰に植えること。

・ニンニク

秋頃、買ってきたニンニクを一房ごとに分けて、土に埋めておけばそこから芽が出る。そのまま冬を越し、葉が枯れる五〜六月頃には土のなかに、大きなニンニクができている。ただしこの作物はたっぷり肥料をやらないと、か細い球根にしかならないので注意。それでも採れたての生ニンニクは、市販されている乾燥ものと違って、水気も多く、ニンニク本来の味が際立っている。自作する甲斐はそれなりにあると言える。

(2) ハーブ

これまでよく人に薦めてきた作物にハーブがある。ハーブもまた少ない量でも十分に使えて、手間のかからない作物の代表だ。和風料理には合わないが、西洋料理の風味づけには欠かせない。

オレガノ、タイム、ローズマリーは、放っておいても根や茎が残り毎年葉が出る。スープなど煮込み料理に加えるだけで、味に深みが増す。

バジル、イタリアンパセリは毎年種を蒔く必要があるが、パスタ、スープなど料理に使うには絶好だ。

各種ミント、レモンバームは増えすぎて困るほどの強さで、根が残り毎年勝手に葉が出る。お茶や酒などの香りづけにいい。増えすぎたミントは乾燥保存して、ミントティーを淹れて飲んでいる。ミントティーの茶葉は、ただ茎ごと採ってきて洗い、乾燥させるだけなので楽でいい。

カレーやラーメンなどのアジア料理にもよく使われるコリアンダー（パクチー）も独特の風味ではあるが、広く好まれるハーブだ。種蒔きは必要だが、毎年こぼれ種からも芽が出てくるし、栽培も簡単。葉や種はもちろん、根や茎まで使う人もいる。

（3）サラダ・葉物野菜

つまんでそのまま、あるいは汁物などに入れて簡単に食べられる野菜類も少量で役立つのでお薦めだ。

リーフレタス、ルッコラ、ミズナ、ラディッシュは育てやすく生でも食べられるので楽。コマツナ、ホウレンソウ、シュンギクは、ミネラルの補給と料理の彩にいい。ミニトマトは大きくなるので支柱が必要だが、サラダなどに非常に使いやすい。

モロヘイヤやオカノリもある程度の高さがあるが、比較的簡単で葉物が少なくなる真夏でも収穫できるので重宝する。どちらにもぬめりがある。

（4）大きめの作物

ある程度の大きさになるものは、プランターなど狭い場所で育てるのには向かないが、栽培や収穫の手ごたえが得られるというメリットがある。

ピーマン、オクラは簡単で長く収穫できる手ごろな作物だ。ゴーヤ、ささげは這わせるネットが必要だが、上手くいけば夏場にたくさん収穫できる。エンドウ豆もつるが一メートル以上の高さになるが、よく実が付く。

ジャガイモは普通に売っているものでも、特別に発芽抑制処理をされていなければ、埋めておくだけで育つ。芽が出るのを確認してから植えれば確実だ。余計な芽を摘む、土を寄せるという作業は必要になるし、狭い場所なら収量も期待できないが、主食となるものを自作できる喜びは格別だ。

また根を食べる野菜・根菜類もプランターのような土の少ない環境には向かないが、カブなら比較的うまくいきそうだ。

（5）難しい作物

自分で育てられるハーブと野菜

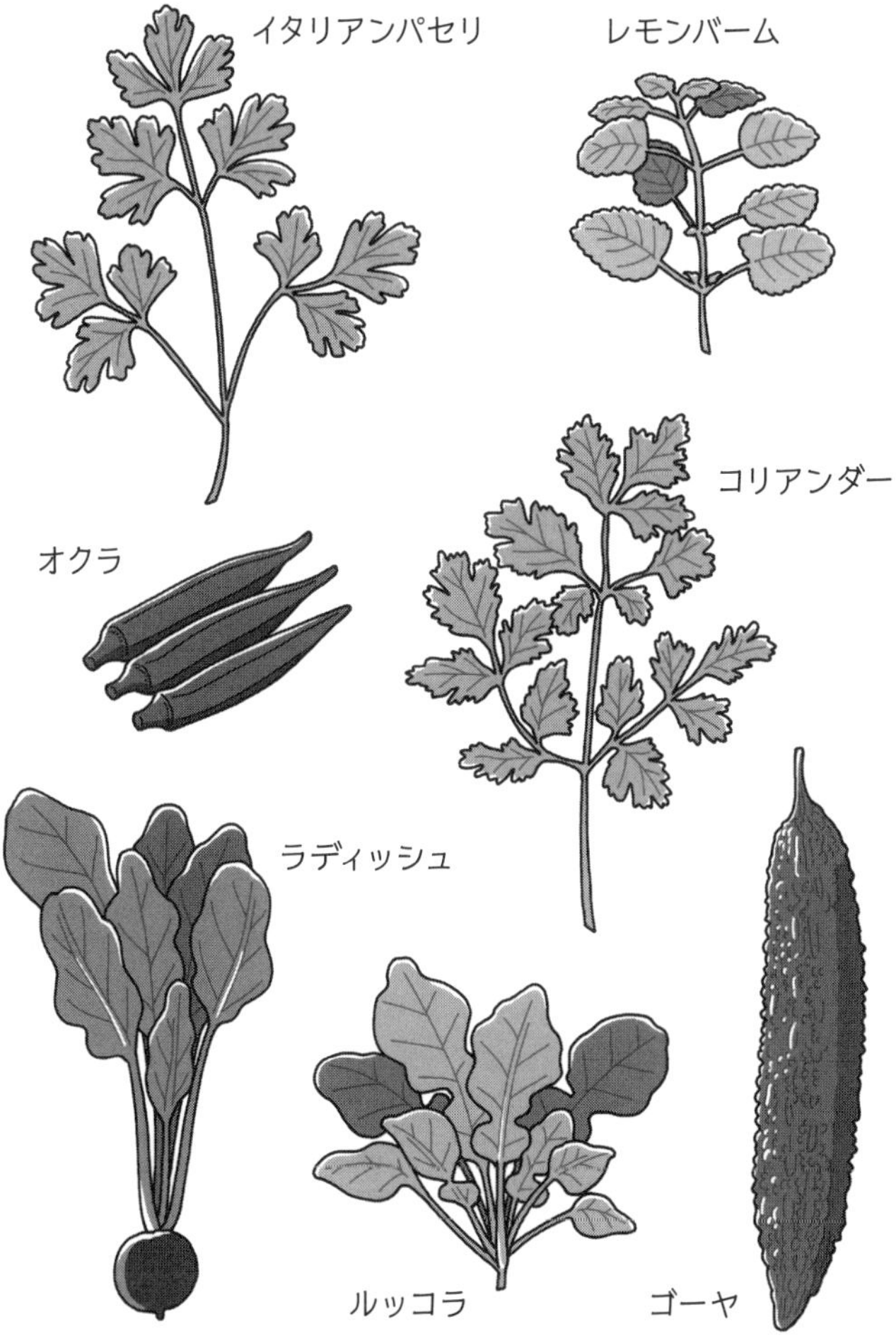

ここは特に独断で書かせてもらう。狭い面積では難しい作物には、まずは膨大な面積を取る割にはなかなか実が付かないカボチャ、ズッキーニがある。そして麦、蕎麦、陸稲、ゴマは少しだけ作ってもなかなか上手く使えないし、少量の籾摺りも大変だ。ゴボウ、玉ねぎ、ニンジン、ビーツはイメージしているような大きさや形にするのが困難。さらに白菜、キャベツ、結球レタスは球形にするのが難しく、ブロッコリーも市販されているような大きさにはなかなかならない。

（6）栽培上の注意

・種蒔き　種を蒔く時は、最後にはどのくらいの大きさになるのか考えて間隔を空けること。大きくなるものなら、直蒔きよりポッドで苗を育てたほうが、発芽直後の弱い時期でも丁寧に育てられるので楽な場合がある。

・肥料　米糠《ぬか》は、コイン精米機から無料で持ってこられる肥料だ。一度発酵させたほうがいいのだが、自分は面倒なので、根に直接触れないようにして、そのまま作物の間の土に混ぜている。生ごみさえ発酵させずに同じように埋めているが、やらなかった時に比べて作物がよく育つので、効果は上がっているはずだ。また、落ち葉を拾ってきて発酵させても、無料の堆肥になる。
・スケジュール　今の作物は何月頃終わって、次に何を、さらにその次には何を蒔くかというスケジュールまで考えると、無駄なくスペースが利用できる。
・種採り　翌年また種を買わずに、今ある作物から種を採っておくのは、無料で栽培を行ううえでの基本だ。ただし葉物野菜などは、収穫時期が過ぎてから花が咲き種ができるまでに、相当の時間がかかるのを覚悟しなければならない。
・害虫対策　害虫は栽培をする上での最大の問題と言える。茎の根元を食い切るネキリムシは、特に甚大な被害をもたらす。食いちぎられた株の近くの土中に眠っている可能性が高いので、土を浅く掘って見つける。自分も五〜七月頃は食い倒された苗を見つけては、その周囲の土をネキリムシが見つかるまで探す日々を送っている。いくつか対策も取ったが、今はこの時期に、簡単に食い倒される小さな苗を直植えしておかないことにしている。
　葉を食べ尽くすヨトウムシも、昼間は土中にいるため、夜中に作物に上ってきて食害しているところを捕まえるのがいい。

新芽を食い尽くすアブラムシについては、提唱されている対策をいくつか講じたが、結局手で潰すのが一番だった。アブラムシの天敵であるテントウムシを多く放てば、かなりの数を食べてくれるが、途中でどこかへ行ってしまい確実とは言えない。

害虫は他にも、アブラナ科の葉物に付きやすい緑色のモンシロチョウ幼虫や黒いナノクロムシ、葉っぱを巻いてなかにさなぎを作るため葉をボロボロにするハマキムシ、葉のなかを食い進むハモグリバエの幼虫などが次々と現れるが、やはり見つけたらその都度手で取り除くのが一番の対策だろう。

とは言っても各種の害虫を取り切れるものではなく、自分としては、虫が旺盛な晩春から夏にかけては、食われやすい葉物野菜は育てないという消極的な対策に落ち着いている。

ちなみにベランダのプランターなら、虫の害は少ない。

採取する

野や山、川や海から食べ物や暮らしの資材を採ってくることは、栽培よりも古くから行われてきた最も原初的な人間の生の営みなのだから、軽視するわけにはいかない。

ここでは都市部でも我々が手に入れやすいものを中心に挙げる。

（一）野草

我々が野山から採ってくる草や実は、栽培されたものよりも味の癖が強く、また柔らかくもない。野生の植物は体内にあく、つまり渋み、酸味、苦味の成分を持って、他の動物に食べられないように身を守っている（と言うより、植物のなかでも食べにくいものが野草として生き残っている）。野草は捕食する相手として手強い、つまり食べにくいことを覚悟しておこう。

あくの主要な成分であるシュウ酸は、体内でカルシウムと結びついてシュウ酸カルシウムを作るので、大事なカルシウムの吸収を妨げてしまう。またそれが結石となる危険性もある。ただしシュウ酸は多かれ少なかれ広く植物中に含まれているもので、心配しすぎる必要はない。

食べられる野草のガイドブックには滅多に見かけないものも多数含まれていて、なかなか使いづらい。そもそも自分としては、野草の代表のように語られるセリをまず見ない。セリの記述を見るたびに、野草が自分には関係ないもののように思えていた。

食べられる野草はすぐ足元にも生えている。ここでは市街地でも、野草を見慣れていない人でも探せるものを紹介する。

ただし農薬など有害物質が付いていないか気をつけて採取しよう。交通量の多い道路沿いに生えているものは、よく洗うなり採取を控えるなりしたほうがいい。

・タンポポ、ハルジオン・ヒメジオン、ツユクサ、ハコベ、ヤブカラシ

これらは日本で最もありふれた野草だが、野草食のガイドブックなどに必ず載っている。実際に茹でてあくを抜き柔らかくして食べるならば、葉物野菜と比べても特に遜色はない。これほどよくある野草でも食べられるのだから驚きだ。

注意点は、まず柔らかい葉や芽の部分を採ってくること。そして茹でてあくを抜き、より柔らかくすること。こうした葉は和え物やおひたしなどにするのが最も一般的な食べ方だ。食卓で野の香りを楽しむことができる。

タンポポはヨーロッパでは、食用に栽培され売られていて、苦味はあるが若葉はサラダとして生でも食べられている。

・ヨモギ、ユキノシタ

これらは、柔らかい葉や芽の部分を採ってきて天ぷらにするといい。天ぷらはたいていの山野草に使える料理方法で、揚げればあくが抜ける。

特にヨモギは網袋に入れて湯船に浮かべて入浴剤、あるいは乾燥させてお茶など、様々な形でその風味が楽しまれている。

自然から採取できる野草

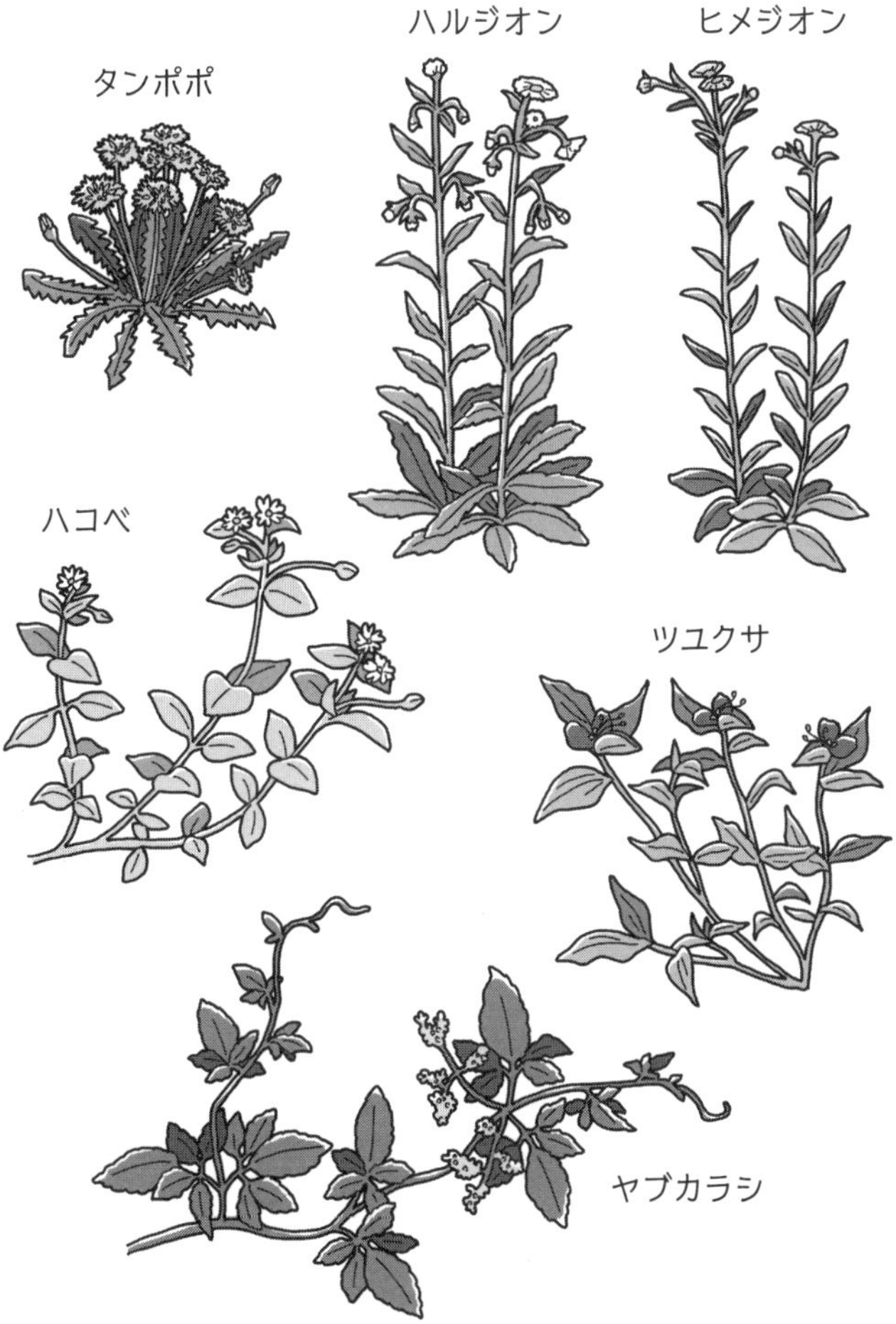

・スイバ、ギシギシ

この二つは同じように葉がウサギの耳のような形をしていて、酸っぱい味が特徴。スイバはフランスではソレルと呼ばれ、ヨーロッパで食用に売られている。これらは特に酸味が強く、シュウ酸を多く含むので、十分にあくを抜いたほうが無難だ。

・毒のあるもの

身近にあって誤って食べてしまいそうな毒のある野草には、スズラン、ヒガンバナ、スイセン（ニラと間違えやすい）、ドクゼリ、ドクニンジンなどがある。園芸植物ではオモトやアジサイが有毒だ。花を見ればわかると思っていても、花のない時期の葉や球根は見分けがつかないので要注意。

⑵茶

柿の葉、ビワの葉、ドクダミ、ミント、ローズマリーなどの葉を乾燥させてからお湯で戻すと、我々が飲み慣れたお茶のような渋味や清涼感を持つ独特の味が出る。カモミールの花、タンポポの根なども、お茶としてよく使われる。

柿の葉茶、ビワの葉茶の作り方を参考までに書いておくと、まずは葉を取ってきてよく水洗いする。柿の葉は七月頃の勢いのいいもの、ビワの葉は大きな古い葉がいいとされる。一センチ四方程度に細かく切り（乾燥させた後に切ってもいい）、有効成分が失われないように陰干しする。カラカラに乾いたら密閉して保存。作る時は適量を水に入れて、一〇分程度煮出す。急須にこの茶葉を入れてお湯を注いでもなかなか出ない。

柿の葉茶には緑茶の二〇倍ものビタミンCが含まれている。ビワの葉茶も古くから飲まれていて、その赤い色には趣がある。ビワの葉に含まれるアミグダリンという成分は、がんに効くという説は否定されているものの、鎮咳作用がある。

ミントティーはお茶の渋みにハッカ味が加わり、美味しい。ドクダミ茶は独特の風味が強いが、それが強すぎると感じる人は、他の茶葉と混ぜて使ってもいい。

多少手間がかかるが、こうした作り方に慣れてしまえば、ノンカフェインティーなど買ってくるのも馬鹿馬鹿しくなる。これら一連の過程が面倒に思えるのは、我々が乾燥保存という技術から遠ざかってしまったせいだ。

（3）その他

・入浴剤

入浴剤によく使われるものには、ヨモギ、ドクダミ、ショウブ、ユズの実などがある。ヨモギは通常陰干しで乾燥させネットで包んで、あるいは煮だし汁を湯の中に入れる。冬至に半分に切ったユズを何個か、端午の節句にショウブの生葉を一束湯に浮かべるのは日本の風習だ。

・挿し木、挿し芽

欲しい草や木は買わなくても、元の木から先端を一部切って土に埋めておくだけで根が生えて大きくなる。やりやすいもの、やりにくいものはあるが、基本的にはどんな植物でもこれで増やせる。枝や穂の先を一〇センチほど切ってきて、ポッドに入れた土に差し、根づくまで半日陰に置いておくだけ。その間水やりは欠かさないようにしよう。大きく育てている家の人に断って、一部切らせてもらってもいい。

自分はラベンダー、ローズマリー、サンショウ、バラなどをこのやり方で増やした。

・木の実

銀杏、桑の実、梅の実などは市街地でも手に入る木の実だ。桑の黒い実は木の下に落ちて潰れているので見つけやすい。梅の実は酒に漬けてもいいし、桑の実も梅の実も、大量にあればジャムにすることもできる。人気のある実は落ちる頃合いを見計らって、すぐに採りにいく必要がある。

鑑賞する

自然鑑賞など年寄りのすることと思っていないだろうか。人間が自然をあまり見なくなったのはつい最近のこと。今のように様々な娯楽が溢れるまでの長い間、人々は木や花を見にいったり、水や石を併せて庭に植えこんだり、さらに虫や鳥の声を聴いては楽しみとしていた。

しかも自然鑑賞は無料であるだけでなく簡単だ。自然界からの純粋贈与を最も手軽に体験できるのが、この自然鑑賞だ。

休みの日に、映画やライブに足を運ぶのももちろんいい。けれども自然鑑賞のコツを摑んでくると、お金を払わないこのやり方のほうが、はるかに能動的で創造的な娯楽であるように思えてくる。

(一) 木や花を見る

日本の風土において、最も見ごたえがあるのが紅葉だろう。東京の市街地で紅葉が楽しめるのは、一一月終盤から一二月初旬にかけてのほんの二週間のことだ。

赤いカエデ、黄色いイチョウは言うまでもないが、赤くなるサクラもドウダンツツジのオレンジがかった赤もきれいだ。雑木林で赤から黄色に色づく落葉樹クヌギやコナラもいい。

また秋の紅葉だけでなく、春先の木々の若芽の「新緑」も古くから楽しまれてきた。花を楽しむなら春のサクラだけでなく、ウメ、ツツジ、アジサイ、バラなどもまとめて植えられている公園・庭園が多いので見にいってもいい。

野生の花ではヒガンバナ、ムラサキハナナ、ツユクサあたりがきれいだ。ダイコンの花とも呼ばれるムラサキハナナが一面に咲く景色は野草とは思えない見事さなので、自分は群生している場所を覚えておいて開花期に見にいっている。

花の匂いも楽しめる。ジンチョウゲ、キンモクセイ、クチナシ、ロウバイなどはすっとする匂いが強く、一本庭木が咲いているだけでも通りすがっただけで気づく。

(2)野鳥を寄せる

庭やベランダに餌を置いて野鳥を寄せるのもそれほど難しいことではない。自分でも二〇年近くやっている。

野鳥がすぐそこで餌をついばんでいるのを見るのは、なんとも心が和む。仮に見ることができなくても、餌が毎日きれいになくなっているのを見るだけで楽しいものだ。

庭の餌台に比べて、ベランダに置いた餌は見つけてもらうまでに時間がかかるが、それでも猫に襲われる心配がないので、野鳥にとっては庭よりも安全な環境だ。近くに植木鉢やプランターを置いて緑を多くしたほうが鳥も来やすい。

庭に餌場を作る際は、地面に置いてもやって来るが、なるべく安全な一メートル以上の高さの餌台を設置した方がいい。また浅くて広めの容器に水を張り、水浴び・水飲み場を作ると、ますます野鳥が好む環境になる。

またベランダがなくても、窓の外に餌台を設置したり、軒下にエサ入れをぶら下げたりしても野鳥はやって来る。自分がやった例では、雨戸の戸道の上や軒下に吊るしたハンギング型の植木鉢の土の上に餌を置いても、しばらく時間はかかったがスズメがやって来た。

日本の市街地で寄せられる主な野鳥は、スズメ、シジュウカラ、メジロ、ヒヨドリの四種だと考えていいだろう。それ以外では時々ムクドリ、キジバト、オナガなども来る。またカラスも来てしまう。

まずはいきなり人気のあるシジュウカラやメジロを狙うより、最もありふれたスズメを寄せるのが一番の近道だ。スズメがいれば他の野鳥も安心して近づいてくる。

肝心の餌だが、まずスズメが好きなのは、パンくずやご飯粒・青米のような穀物類。麻の実やヒエ・アワも好きだ。スーパーなどで無料で貰える固形の牛脂は、メジロやシジュウカラの好物だ。シジュウカラはヒマワリ種、剝きグルミ、メジロはミカンやジュースなど甘い汁も好む。これらに比べてやや大型のヒヨドリは、パン、ご飯粒、果物、牛脂などを食べる。ヒヨドリは常連になると他の鳥を追い払おうとするので、歓迎すべきかどうか迷うところだ。餌は決まった時間に同じ場所に置くのがいい。

また春から夏にかけては自然界にたくさん餌があるので、人間が野鳥の餌をやって生態系を壊す必要はないとも言われる。野鳥に餌をやったほうがいいのは、餌の少ない秋から冬にかけて。特に雪の日は餌が見つけられず多くの野鳥が死ぬので、餌やりは特に有効だ。

自分が好きなメジロとシジュウカラは牛脂が好物なので、餌の少ない冬場に爪で細かく搔き取って餌台に置いている。近くで待っていてすぐに競うように食べはじめる。街中の野鳥の最大の敵は猫だ。猫を餌台に近づけないよう十分注意する必要がある。またカラスも野鳥なのだが、近隣にも嫌がられるし、大型なので餌はすぐに食べ尽くされてしまう。カラスが来るようになったら、残念ながら牛脂などカラスが好みそうなものは置かないほうがいい。

(3) 魚を見る

自分がこれまで見た自然界の景色のなかでも最も素晴らしかったのは、サンゴ礁を色

庭やベランダにやって来る野鳥

とりどりの熱帯魚が泳ぐ光景だ。それらを海に浮かびながら眺めているのは、人間が作ったどんなお金のかかる娯楽よりも心が癒されるし、興奮する。一度やったらすっかり病みつきになった。サンゴ礁がなくても、魚やイカが泳いでいるのを見ているだけでも楽しい。

ダイビングをしなくても、ゴーグルを付けて泳ぐだけで、魚は見ることができるし、マスク（目と鼻を覆う水中眼鏡）とシュノーケル（呼吸用の筒）を付ければ、よりゆっくりと見ていられる。

ここではある程度泳げる人のための、シュノーケリングのやり方を紹介しよう。

シュノーケリングに絶好の場所を探すのは、なかなか難しい。シュノーケルツアーなどに参加すれば船で連れていってもらえるが、お金がかかってしまう。絶好の場所とは岸から入れて、しかも魚や海中生物がたくさんいて、波が荒くなく、水がきれいなところだ。

ネットで「シュノーケリング　スポット　地名」で検索をすれば、たくさんの海水浴場が挙がっているが、砂浜の海には魚は少ない。シュノーケリングをするためには海水浴場である必要はなく、人気のない岩場を車やバイク、徒歩で訪ねて行ってもいい。ただし、でたらめに海沿いの土地に行っても、海に出られない、海が深い、岸に居場所がないなど様々な困難があり、簡単にいいスポットに出会えるわけではない。行きやすく海に入る環境も整っている海水浴場の岩場やその近辺を狙うのは無難な手ではある。

自分の探し方は、まずダイビングポイントがある地域に目を付ける。その近辺は魚やサンゴが豊富だ。さらにその地域でシュノーケリング中の海中動画や写真を撮ってネットにアップした人がいないかどうかチェックする。海中の様子を知るには、そのくらいしか手がない。面倒ではあるが、ガイドブックには載っていない。海岸まで来ても、そこに魚が溢れているかどうかは、ゴーグルを着けて水中を覗くまでわからない。

具体的な場所としては、海外なら熱帯・亜熱帯のサンゴ礁がある場所がいい。東南アジアは世界的に見ても絶好のシュノーケル・エリアだ。特にフィリピン・セブ島のモアルボアルのサンゴ礁は岸からすぐの場所にあり、これまで行ったなかでも最良の無料シュノーケル・スポットだった。国内ならやはり沖縄が一番だ。伊豆半島にも熱帯魚やサンゴは生息していて、なかなか侮れない。

シュノーケルをするのに必要なものは、マスクと筒状のシュノーケルだ。フィン（足ひれ）は浅い海ではかえって立ったり歩いたりするのが難しくなり、むしろ岩場を歩けるマリンブーツが必携だろう。

シュノーケル中に一番気を付けるべきなのは、流されないこと。水中ばかり見ているので、自分がどのあたりにいるのかすぐにわからなくなる。潮の流れが速いところでは泳ぎが上手い人でも危険だ。陸上の目印を見ながら、自分がどのあたりにいるのか頻繁に確認しよう。安全のためには二人以上で泳いだほうがいいが、岸に残した貴重品を見ている人も必要なのが厄介だ。

(4) 環境全般を楽しむ

音としては、秋の夜に草原で鳴くスズムシ、マツムシ、コオロギなどの虫の声が心地いい。人の声とは音の高さ(周波数)の域が違うので、注意して耳を傾けないと気に止まらないことが多い。響いてくる虫の高音に包まれるのは得難い体験だ。自分も夜中に近くの雑木林に行って、虫の声に包まれることがある。林に足を踏み入れた直後は虫たちも警戒しているが、しばらく動かずにいると、大きな声で鳴きはじめる。木の下にいると、文字通り四方八方から声が聞こえてきて気持ちがいい。

同様に、夏の夜の田んぼのたくさんのカエルの声も、まるで機械音のようで気持ちいい。

また眺めがいがあるのは木や鳥といった他の生き物にかぎらない。夜空の月や星、あるいは朝日、夕日といった他の天体も、昔から鑑賞の対象だった。

同じ林や森でも、霧や雨、雪などの水の作用でまったく雰囲気が変わるし、朝靄が立ち上る山には同じ山とは思えないような見ごたえがある。さらに雲間からさす太陽といった微妙な光の加減によっても、風景は不思議なほど魅力的になるものだ。

こうしたことからもわかるとおり、本来自然鑑賞の対象は、木、鳥、水、光といったようにひとつひとつ切り離して味わえるものではない。たくさんの要素が重なり合って、ひとつの場の雰囲気を生んでいる。この列島に生きてきた人々は、木々の新緑＋霧＋ウグイスの声、月＋雲＋虫の声というように、それらの組み合わせの絶妙さを楽しんできた。和歌や俳句を詠む人が、どれだけその組み合わせやタイミングに感覚を集中してきたかをあらためて見てみるといい。

こうした変幻自在な雰囲気の好みもまた、見る人によって百人百様だ。自分の好きな環境を自分で見つける楽しみは尽きない。これが他の現代的な娯楽よりも、お金のかからない自然の鑑賞が能動的で創造的だと思える理由だ。

幸い日本列島は温帯地域にあり、海が近いうえに山がちな地形で、世界的に見ても生物、光、水、風などの織り成す変化が極めて豊かだ。だからこそ人々はその風情を追求してきた。この自然界からの贈り物を受け取らない手はない。

この章のレクチャー

自然界と「無償の贈与」

自然界は贈与で成り立っているのか？

「自然界は贈与で成り立っている。しかもそれは見返りを求めない純粋な贈与だ」と言われるが、そのとおりなのだろうか？

確かにこの章で書いたように、野草や木の葉を林から持ってきても、どれだけ自然を鑑賞しても、お金を求められることはない。他の生物どうしを見ても、自然界では何も売り買いされていないし、返礼も求めていないようだ。花は蜜蜂や蝶に惜しげもなく蜜を与えているし、果樹は我々のような霊長類にも鳥類にも甘い実を無償で差し出している。

なかでも太陽は特別な存在だ。畑で食べ物を育てていると、太陽の光をよく浴びた野菜が大きく育ち、日が当たらなければ育たないのがわかる。我々の食べ物は太陽が作ってくれているかのようだ。

科学的に見ても、地球上で使われるエネルギーの大部分は太陽から来ている。確かに我々に最大の恵みを与えてくれるのは、自然界のなかでも最も神々しいあの太陽なのだ。しかも太陽も自然も、見返りを求めたことがないのだから凄いではないか。

確かにそのように受け止められる。けれどもこう言い切ってしまうと、疑問を感じる人も多いのではないか。

実際には人間だけがお金を使っているのだから、自然界で売り買いが行われないのは当然のことだ。

太陽は意図があって光っているわけではなく、単に光っているだけだ。我々生物が、ありあまるその光のエネルギーをうまく生きるのに役立てるように、体を作り変えたのだ。温泉のお湯は我々が使おうが使うまいがそこに湧いているのであって、我々のために湧いているわけではない。それらを擬人化して、人間の世界で行われる意図を持った贈与行為と同じものと考えていいかどうかは意見が分かれるだろう。

植物が花と蜜を用意して昆虫を待っているのは、自分たちの繁栄に不可欠な受粉を手伝ってもらうためである。果樹が甘い実を差し出すのは、そのなかに仕込んだ種を飲み込ませて、糞とともに遠くに撒き散らさせ、自分たちの勢力を拡大するためだ。

もちろん動物の親は我が子に食べ物を差し出すし、同族内で食べ物を分け合う動物の集団があるのは、アリや蜂を見れば一目瞭然だ。しかしそれも、自分に近い遺伝子を残すという本能を考えればよく説明できる。それらの行動が利他的か利己的かは一概には言えないのだ。

人間は「無償の贈与」を尊重する

しかし事実がそうであったとしても、これだけは確かに言える。そして重要なのはこのことだ。人類は自然界から手に入れるものを、無償の贈り物と受け止めた。そして人間は、この見返りを求めない自然界の力を「神」の力と感じ、そこに最高の価値を見出してきたのだ。

神は自然界と同じものではなく、自然界も含むもっと広いものと言ったほうがいい。けれども人間は、時には太陽などの自然物を神そのものと見なして、最大級の敬意を払ってきたのだ。畑から食べ物を収穫していると、自分も科学的な知識がなければ、それらを次々と生み出す光や土、水といった不思議な力を持つ何かをまとめて、「神」と見なしてしまうだろう。

人間が崇拝してきたのは、神や太陽や大地のように見返りなく与える者だった。厳密な損得勘定などよりも「太っ腹」や「気前のいい」姿勢を尊重してきたわけだ。

それを踏まえて、あらためて人間どうしが行う贈与を見てみよう。返礼は一般的には義務だと言われるが、返礼を求めない贈与がいたるところにあることがわかる。親が我が子に食べ物を与えるのには前述した遺伝子を残す目的があるとしても、人は老いた肉親や病人の世話もするのは何故か？　寄付もボランティア活動もする。そもそも贈り物をこれほど頻繁に与えあっている我々自身が、返礼にそれほどこだわっていないではないか。

他地域の例もひとつ挙げておこう。南太平洋にあるバヌアツ共和国のある社会では、贈与には三つの種類がある。ひとつは「お返しの必要な贈与」。そしてお返しができる時にはお返しするのが望ましいとされる「お返しの期待される贈与」。最後に、ありがとうというお礼の言葉を言うだけでいい「お返しのいらない贈与」の三つだ（註1）。

つまり「無償の贈与」はそれほど特別なことではなく、贈与に対して必ずお返しが必要になるわけではなかったのだ。お返しが絶対に必要であるなら、そのやり取りは売り買いのような等価交換に近づいてくる。我々が物を買う時に、おつりが一〇円足りなければ当然文句を言うだろう。けれどもそのような厳密な等価交換は、人間の歴史でも一般的なことではなかったのだ。

今も残る「神への贈与」

本書では様々な贈り物について見てきたが、「神への贈与」という大きなジャンルについては触れてこなかった。けれどもそれは今も身近にあり、時には我々自身も行ってもいる。

神棚や神社に供えている物は、もちろん神への贈り物、あるいは返礼だ。かつては生贄を差し出すこともあった。神社の賽銭箱に入れるお金も、またお守りやお札の代金も、神への見返りを期待した贈り物なのだ。

日本では古くから最初の収穫物を「初穂」として神仏に捧げる習慣もあった。初穂と言っても、必ずしも稲や麦だけを指すわけではなく、農業、漁業全般の最初の収穫物のことだ。これは恵みを与えてくれた神への返礼を意味していただろう。こうした捧げものは世界的に見出せる。日本ではその後、商業なども含めすべての収穫物の一部を初穂として神仏に捧げていたのだ（註2）。

かつて人間は自然界から衣食住すべての材料を採ってきては、加工して使っていた。それらがすべて贈り物だと思えていた人々の感覚とは、どんなものだっただろうか？自然からも人からも、日々必要なものを貰っては、等価であれささやかであれ、日々お返しをしている。善かれ悪しかれ世界とは贈与と返礼、つきあいや相手への気遣いに満ちた場所であり、現在の世界観とは大きく異なっていたはずだ。

人間どうしだけでなく、自然界とも絶えずやり取りをしている感覚は貴重だ。人間しか見えず、人間関係こそが関係のすべてで、それに失敗すれば一巻の終わりと思えてしまう我々現代人とは違う、はるかに落ち着くものだったに違いない。

（註1）『贈答の日本文化』伊藤幹治、筑摩書房、二〇一一年
（註2）『贈与の歴史学』桜井英治、中央公論新社、二〇一一年

あとがき

お金儲け至上主義に対置するものとして「贈与経済」（ギフト・エコノミー）が頭にあったので、初めは「物」を貰ったりあげたりすることに目が向いていた。けれども招く招かれる、世話をするされる等々、物を介さない無料のやり取りもまったく同じ「何か」であることはすぐにわかった。無形のものへのお返しを物で行ってもいいので、両者を区別する意味はない。考えていくと単に会って話すだけでも、人間があえて二人以上でやることのすべてには、このお金を使わない「何か」の要素がある。この「何か」は、「公平」という原理に基づいた「付きあい」「人間関係」としか言いようがないものだった。

こうした無料のやり取りをしていると、この人間関係が明らかに濃くなることに気づく。ただで車に乗せてもらうなら、楽しい会話でもしなければとなる。物をひとつ借りたくても、相当に仲のいい人でないと言い出しづらい。相手が見つからなければ、物をあげることもできないのだ。

なるほどお金を使うことは、人間関係の省略でもあったのだなとわかる。無料でやるということはある面では、お金の代わりに他人の力を借りることなのだ。ただし人間関係が増えるのが一概にいいことだとは言えない。

この本には図書館を使う、自然鑑賞する、野菜を育てるなど、ひとりでできることもたくさん載っている。こうして書いていると、まさにこっちのほうが自分が心から愛している、自分らしいやり方だなと痛感する。自分もまた人間関係が得意なタイプの人間ではないのだ。

助け合いだ、無償の贈与だと言っても、自分にとっては不公平だと思うことが続くと、だんだん嫌になってくるものだ。自分がいいことをしたら、感謝くらいはされなければやりたくなくなる。たくさんの人で共同作業をするとなれば、日程を合わせるだけでも面倒臭いし、回を重ねれば不満も出てくる。いちいち口にしなくても、こんな経験は誰にでもあるだろう。

人間関係なのだから、厄介なことはある。自分もこれまでの人生で、それを嫌というほど経験してきた。だからこそ、きれいごとで済ませたくはない。「きれいごとで済ませない」というのは、本書の一貫した姿勢でもある。

人づきあいが大変になってしまう人、特に気を遣いすぎる人は、無理してまでそれをやる必要はない。ただでさえ学校や職場の人間関係が濃すぎる社会なのだから。自分が生きやすくなることを何よりも優先するべきだ。個人の生きづらさを減らすことが最も大事だとは、自分が言論活動を始めた九〇年代の当初から言い続けていることだ。

ただしこうしてできた人間関係が、自分のような者にとっても思いのほか居心地のいいものだったことは言っておかねばならない。人づきあいが増える大変さがあったとはいえ、振り返ってみればやってよかったと思えるのだ。

よく「つながりのない社会」などと言われるが、この日本では学校や職場のように、むしろ人間関係が過密すぎてきついことのほうが問題だろう。自分が選んだわけではない人間たちと、閉鎖的な環境に閉じ込められるのだから、きついに決まっている。しかし学校や会社をやめてそこから離脱すると、人間関係や居場所がまったくなくなってしまい、今度はそのせいで辛くなってしまうのがこの社会の特徴だ。人づきあいが苦手な人は多くても、それがまったくないのが好きな人もまたほとんどいないはずだ。

ここに書いたような無料の生活をしているうちにできてくるのは、決して押しつけられたタイトな人間関係ではない。付き合いの頻度や距離まで自分で決められる緩い関係だ。決まった場所があってもなくても、それはある種の居場所とも言える。

もちろんこの本はすべての人に参考にしてほしい。けれども、今は好みのつながりや居場所のない人、あるいは社会からはみ出してしまっている人が、それを見つけるのに役立てば最高だ。

この本の構想を練りはじめた頃はあまり知られていなかったこと、例えばクラウドファンディングや〈airbnb〉などが、のろのろと進めているうちに誰もが知るようなものになってしまうことが多々あった。こういうものが、多くの人に求められているのだなと痛感するばかりだった。

今時何年もかけて一冊の本を書く人間も少ないと思うが、その遅い作業に文句も言わずに付きあってくださった編集の葛岡晃氏には本当に感謝している。

また前著『脱資本主義宣言』を読んで、「この実践編も読みたい」と言ってくれた読者や編集者の方々には、この本の出版を後押しする力をいただいた。

そして取材に協力していただいた方々、自分のまわりでゼロ円の暮らしを楽しみ、話を聞かせてくれた多くの人々にも感謝している。特に〈0円ショップ〉や、ゴミ拾いや、畑作業を一緒にやったり、部屋を提供しあったり、一緒に食事を作ったり食べたりしてくれた友人知人には最大級の感謝を捧げたい。こうした「その界隈」の人々との日々の交流がなければ、この本はできなかった。

鶴見済

本書は書き下ろしです。

0円《ぜろえん》で生《い》きる　小《ちい》さくても豊《ゆた》かな経済《けいざい》の作《つく》り方《かた》

発行　2017年12月15日

著者　鶴《つる》見《み》 済《わたる》

発行者　佐藤隆信
発行所　株式会社新潮社　〒162-8711 東京都新宿区矢来町71
電話　03-3266-5611（編集部）　03-3266-5111（読者係）
http://www.shinchosha.co.jp

印刷所　大日本印刷株式会社
製本所　株式会社大進堂

乱丁・落丁本は、ご面倒ですが小社読者係宛お送り下さい。
送料小社負担にてお取替えいたします。
価格はカバーに表示してあります。

ISBN978-4-10-332462-1 C0095

脱資本主義宣言
—グローバル経済が蝕む暮らし—
鶴見済

ぼくらは経済の奴隷じゃない！　経済成長至上主義、不必要な需要と浪費、そして食糧、貧困、環境破壊……今この世界の〝本当の問題〟が見えてくる、21世紀必読の書！

田舎暮らしと哲学
木原武一

第二の人生、隠居暮らしを夢見る現代人必読！　街を出よ、森に住もう。世界は、こんなにも発見の喜びに満ち、思索の源で溢れている。現代版「森の生活」。

超一極集中社会アメリカの暴走
小林由美

もはやこれは格差ではない。０・１％の支配層が富の大半を握り、富の独占は産業構造を激変させ、社会を崩壊に追いやるまで暴走を続ける。絶望的未来への警告。

経済成長主義への訣別
佐伯啓思

成長至上主義がわれわれに幸福をもたらすというのは大嘘である。経済学の意味とは？　成長信奉のからくりとは？——社会思想家による人間中心主義宣言。
《新潮選書》

「里」という思想
内山節

グローバリズムは、私たちの足元にあった継承される技や慣習などを解体し、幸福感を喪失させた。今、確かな幸福を取り戻すヒントは「里＝ローカル」にある。
《新潮選書》

貨幣進化論
「成長なき時代」の通貨システム
岩村充

バブル、デフレ、通貨危機、格差拡大……なぜ「お金」は正しく機能しないのか。「成長を前提としたシステム」の限界を、四千年の経済史から洞察する。
《新潮選書》